내가 그리스도인이 되었을 때
아무도 말해 주지 않았던 것들

아무도 말해주지 않았던 것들

2015년 10월 30일 초판 17쇄발행

지은이 필립 얀시
옮긴이 채천석
펴낸이 정병석

도서출판 그루터기하우스
서울특별시 강남구 삼성동 26-25호 301호
Tel 514-0656 l Fax 546-6162
gruturgi21@hanmail.net
등록 2000년 11월 28일 제16-2289호
ISBN 89-952024-5-9 03230

What They Never Told Me When I became A Christian
by Verne Becker, Tim Staford & Philip Yancey
Copyright ⓒ 1991 by CampusLife Books
Originally Published in the U.S.A.

Korean Edition ⓒ 2002
by Gruturgi House Publishing Co., Seoul, Korea

본서의 한국어판 저작권은 알맹2를 통하여 Zondervan과
독점 계약한 그루터기하우스에 있습니다.
저작권법에 의하여 한국 내에서 보호를 받는 저작물이므로
무단전재와 복제를 금합니다.

> 그 중에 십분의 일이 오히려 남아 있을지라도 이것도 삼키운바 될
> 것이나 밤나무, 상수리나무가 베임을 당하여도 그 그루터기는 남아
> 있는 것 같이 거룩한 씨가 이 땅의 그루터기니라(이사야 6:13).

내가 그리스도인이 되었을 때
아무도 말해 주지 않았던 것들
What They Never Told Me When I became A Christian

필립 얀시 외 지음
채천석 옮김

그루터기하우스

PHILIP YANCEY

차 례

What They Never Told Me When I became A Christian

머리말 · 7

하나님이 **실재**하신지 의심스럽다 · 9
성경 속의 위대한 믿음의 인물들도 그러했다

그리스도인이 될 때 특별한 **감정**의 변화가 없다 · 21
당신과 하나님과의 관계는 감정으로 느끼는 것보다 훨씬 더 깊다

유혹은 때때로 너무 강해서 물리칠 수 없다 · 37
그러나 당신은 그것을 이길 수 있다

하나님이 용서하셨다 해도 항상 **죄책감**이 있다 · 51
하나님의 관점이 당신의 관점보다 더욱 중요하다

아무리 **기도**해도 응답받지 못하는 경우가 있다 · 65
응답받는 기도가 더 많으므로 마음을 지키라

성경이 무미건조하게 여겨질 때가 있다 · 81
일단 시작하라, 그 먼지가 생기로 타오를 수 있다

교회의 **위선**자들을 참을 수 없다 · 95
하나님이 얼마나 은혜로우신지 이해하게 될 것이다

완벽한 그리스도인을 보면 자신은
하나님으로부터 멀리 있는 것처럼 느껴진다 · 107
은혜가 이에 대한 예수님의 해결 방안이다

사랑이신 하나님께서 **고난**을 허락하신다 · 123
그것이 그분의 마지막 말씀이 아니다

당신은 당신에게 **맞지 않는 규칙**들을 따라야만 한다 · 149
훈련을 통해 보다 더 큰 힘이 생긴다

보이지 않는 것을 믿는다는 것은 어렵다 · 167
예수님 없는 세상을 믿기란 더욱 어렵다

의심이 항상 사라지는 것은 아니다 · 181
의심이 당신을 보다 강하게 만들 수 있다

의심하는 사람들을 위한 **전략** · 197

머리말

처음 하나님을 믿었을 때를 기억해 보라. 그때는 아마도 성경 말씀이 머리 속에 쏙쏙 잘 들어오는 것처럼 느껴졌을 것이다. 또 한편으로는 예수님이 없다면 인생은 궁극적으로 나에게 실망뿐이라는 것을 알게 되었을 것이다.

당신은 기쁨과 격려와 기대로 가득 찬 그리스도인이 되었다. 마침내 인생이 제자리를 찾았다. 그런데 그때 당신은 몇 가지 큰 어려움에 직면했다. 기도를 하지만 하나님은 멀리 있고 무관심하신 것처럼 보였다. 당신의 기도는 무시되었다.

또 성경을 보지만 말씀이 무미건조하게 느껴진다. 그런가 하면 의심이 당신의 마음 속으로 교묘히 파고들기 시작한다. 만일 나를 사랑하는 하나님이 계시다면 왜 고통이 있을까? 눈으로 볼 수 없는 하나님을 내가 어떻게 믿을 수 있을까?

또 다음과 같은 질문들이 당신을 괴롭힌다. 만일 내가 죄 사함받은 그리스도인이라면 왜 나는 여전히 죄의식을 느껴야 하나? 왜 유혹을 뿌리칠 수 없나? 왜 나는 그리스도인이라는 것을 느끼지 못하나? 왜 교회 안에는 위선자가 그렇게 많은가?

이 책은 바로 그러한 질문들과 의문들을 해결해 주기 위해 쓰여졌다. 당신은 이러한 질문들과 대면할 뿐 아니라 또한 희망적인 대답을 발견할 것이다. 그리스도인으로서의 삶은 사람들이 생각하는 것처럼 근심 없는 삶이 아니며, 그렇다고 그들이 느끼는 것처럼 하나님이 멀리 계신 것도 아니다.

여기에 우리가 발견한 것이 있다. 우리의 의심들은 우리를 더 강하게 할 수 있다. 우리의 질문들은 하나님을 더 깊이 이해하게 할 것이다. 우리의 실망은 하나님의 사랑 아래서 완전히 녹아질 것이다.

당신이 이 책을 읽을 때 같은 것을 발견하기 원한다.

하나님이 *실재*하신지 의심스럽다

성경 속의 위대한 믿음의 인물들도 그러했다

하나님이 실재하실지 의심스럽다

성경 속의 위대한 믿음의 인물들도 그러했다

한껏 게으름을 피우던 토요일 밤이었다. 음악을 틀어 놓고 잡지를 뒤적거리며 친구와 빈둥거리면서 감자칩과 음료수를 마시고 있었다. 긴장이 풀리는 즐거운 시간이었다.

그때 전화벨이 울렸다. "안녕하세요?" 여인의 목소리였다. 최근에 텍사스로 이사한 친구 짐의 부인 슈의 전화였다.

"안녕하세요? 슈, 어떻게 지내세요?"

"별로 좋지 않아요." 그녀의 목소리는 떨리고 있었다. 마치 숨이 막힌 듯했다. 목소리도 띄엄띄엄 들려왔다. 문득 내 머리 속에 '그녀가 독감에 걸렸나보다'라는 생각이 들었다. '혹은 더 나쁜 상황일지도… 가족이 모두 병에 걸렸나? 아니면 갓난아기에게 무슨 일이 있는 걸까?' 별의별 생각이 다 떠올랐다.

그때 슈의 목소리가 들려왔다. "짐에게 교통사고가 났어요…." '아, 안

돼.' 나는 그녀가 다음 말을 하기 전에 아주 짧은 시간 동안 생각했다. '얼마나 끔찍한 일이 일어났는가. 그들은 아기의 출산으로 인한 변화에 적응하려고 노력하고 있었는데, 지금 짐이 교통사고로 병원에서 꼼짝 못하고 있다면 틀림없이 슈는 제 정신이 아닐 거야….'

"…그리고 그는 죽었어요. 짐이 죽었어요!" 그녀가 울음을 터뜨렸다.

"뭐라고요?" 나는 숨이 막혔다. "아니야!"

충격과 의혹에 정신을 잃은 채 나는 저녁 내내 집안을 어슬렁거리기도 하고, 침대에 누웠다가 소파에 웅크리고 있거나 식탁에 아무 말 없이 앉아 있기도 하며 이 사건을 받아들이려고 애썼다.

나는 짐을 10년 동안 알고 지냈다. 대학 때는 룸메이트로, 신문사의 동역자로, 여자와 사랑에 빠졌다가 실연당한 남자로서 우리는 많은 것을 함께 겪었다. 그가 슈와 결혼하고 수백 킬로미터 떨어진 곳으로 이사를 했을 때도 우리는 계속 교제를 나눌 것으로 알고 있었다. 불과 몇 주 전에 나는 '트레이'의 탄생을 그들과 함께 기뻐했었다. 그리고 짐의 생일이 바로 3일 전이었는데, 이 모든 것이 지금 무슨 소용이란 말인가!

다음 한 주 동안 나는 밤새 발인, 출상, 장례식에 참석하여 짐의 가족과 그의 친구, 그리고 슈를 위로하기 위해 할 수 있는 모든 것을 했다. 그러나 그들에게 하나님의 사랑과 돌보심을 확신시키려 할 때도, 사실 나 자신은 모호하고 혼란스러운 상태로 미로를 헤매고 있었다. 나는 하나님의 사랑과 돌보심에 대해 무엇을 알고 있단 말인가? 하나님은 나의 가장 친한 친구를 죽게 내버려 두셨다. 아니, 그분이 친구의 죽음을 초래했을 것이다.

나는 유족을 위로하는 데 어려움이 있었고, 나를 위로하는 다른 사람들의 노력도 결코 호의적으로 받아들이지 못했다. 나는 아주 다양한 위로의 말을 들었고, 내가 알기로는 이 모든 것이 최선의 동기였겠지만 그 무엇도 내 의문에 답해 주지는 못했다.

어느 날 짐의 친한 두 친구와 이야기를 나누는 중에, 나는 그들에게서 짐의 죽음에 대해 아주 대조적인 반응을 보았다. 슬픔으로 눈이 충혈된 한 친구는 "그래, 그는 지금 주님과 함께 있을 거야…그는 우리보다 훨씬 잘 지내고 있겠지" 하고 말을 꺼냈다.

물론 나는 그의 말이 사실임을 알고 있었다. 그러나 그때는 그 말이 귀에 들어오지 않았다. 그런 식의 말은 "왜?"라는 나의 질문에 대답해 주지 못하기 때문이다.

내가 그런 생각에 잠겨 있을 때 다른 친구가 끼여들면서 반박했다. "입 좀 다물게. 그런 달콤한 잠꼬대 같은 소리는 집어치우게!" 충혈된 그의 눈은 분노로 번뜩였다. 오싹한 침묵이 우리를 사로잡았다.

나는 그 친구의 화난 반응에 대해 어떻게 생각해야 할지를 몰랐다. 그러나 그것은 다른 한 친구가 말한 달콤한 대사보다 더 인간적이고 실제적인 것—심지어는 더 **위로**를 주는 것—처럼 보였다.

삶이 그렇게 단순하지 않다.

짐의 갑작스런 죽음으로 인해 나는 명쾌하게 설명할 수 없는 다른 사건들을 숙고하게 되었다. 예를 들면, 아프리카의 기근이 그것이다. 혹자는 이렇게 말한다. "그래. 그것은 끔찍하지. 그러나 그런 일이 일어났다면 그것은 틀림없이 하나님의 뜻일 거야."(그렇다. 어떤 의미에서는 하나님의 뜻 밖에서 일어나는 것은 아무 것도 없다. 그러나 하나님은 정말로 수천 명의 사람들이 굶어 죽기를 원하시는가?)

혹은 친한 친구가 죽어 가고 있다는 소식을 듣고 "이봐, 걱정하지 마. 모든 것은 합력하여 선을 이루니까"라고 말한다.(아마 그럴지도 모른다. 그러나 왜 각 사건들은 선이 되기 전에 악을 만들어 내야만 하는 것일까? 그리고 어떤 사람이 - 예를 들어 짐이 - 아직 20대에 죽는다는 것에 대해서는 무엇이 선이란 말인가?)

혹은 정서적인 문제로 괴로워하는 어린이에 대해 이야기하면서, "그의 삶에 죄가 있음이 틀림없어."라고 비평한다.(왜 그의 문제에 대해 자동적으로 그 어린이에게 책임을 지우는 것일까? 그런 아이에게 그처럼 무책임하고, 그를 학대하는 부모가 있다고 가정해 보라. 게다가 부모를 포함해서 **모든** 사람들이 자신들의 삶에서 죄를 짓고 있지 않은가!)

혹, 어떤 사람은 가정에서 심각한 긴장 상태에 직면한 친구에게 "그 문제를 놓고 그저 기도만 하면 돼. 주님께 그것을 맡겨. 그게 최고야!"라고 말한다.(기도하고 의뢰하는 것은 훌륭하다. 그러나 그의 아버지가 그에게 고함을 칠 때 그는 뭐라고 말해야 하는가?)

짐이 죽기 전에는 나도 이런 말들과 현실 사이의 차이에 대해 생각하지 않았다. 사실 나 자신도 이런 말들을 사용했지만 요즘은 훨씬 덜 사용하고 있음을 발견했다.

왜냐하면 인생은 내가 원하는 만큼 단순하지 않기 때문이다. 나는 성장하면서 인생의 대부분의 문제들은 일련의 질문과 대답으로 분류될 수 있다고 생각했었다. 모든 문제는 내가 충분히 깊게 생각한다면 답이 있었다. 그러나 나이가 들어감에 따라, 점점 더 대답할 수 없는 문제들이 생겼다. 혹은 내가 전에는 수용했던 단순한 대답들이 더 이상 만족을 주지 못했다.

질문의 홍수

하나님께 질문하게 하는 어떤 문제들—죽음, 절망, 응답 없는 기도—이 당신에게 발생한 적이 있는가? 만일 있었다면, 당신은 이미 그러한 문제에 수반되는 어떤 분노와 혼란을 알고 있을 것이다. 당신은 다음과 같은 까다로운 질문을 하는 자신을 발견할 것이다. "만일 하나님께서 이 일이 발생하도록 허락하셨다면 어떻게 그분을 선하신 분이라고 할 수 있을까?", "왜 하나님은 그것을 간섭하시고 금하지 않으셨을까?", "하나님께서 내 삶 속에 계신다면, 왜 나는 그분을 느끼지 못할까?", "혼전 성교가 나쁘다면, 왜 하나님은 그것을 커다란 유혹으로 허락하셨을까?", "만일 하나님께서 각자의 삶에 어떤 차이점을 두셨다면, 왜 나는 위선적인 많은 그리스도인들을 만나게 될까?"

만일 당신이 아직 믿음이 흔들리는 상황에 직면해 보지 않았다면 주의하라! 당신의 삶 속에 있는 사건들을 이어 주는 정상적인 끈이 풀리는 날이 올 것이다. 당신이 아무리 노력해도, 그 줄을 다시 이을 수 없을 것이다. 당신도 역시 나처럼 어려운 질문을 하기 시작할 것이다.

내 친구 중 하나가 그것을 이렇게 설명했다. 우리 모두는 머리 속에 '대답할 수 없는 문제들'이라는 딱지가 붙은 저장소를 갖고 있다. 우리가 성장함에 따라 질문이 하나씩 여기저기서 튀어나온다. 우리는 그것을 저장소에 던져 놓고는 대부분 그것에 대해 잊어버린다. 그러나 나이가 들수록 점점 더 많은 문제들이 그 저장소에 쌓여 가득 차게 된다. 마침내 저장소는 넘쳐서 우리의 의식으로 그 문제들을 밀어내고, 우리로 하여금 대답을 찾도록 압력을 가한다. 넘치는 시기는 사람마다 다르지만 해마다 우리는 그 곳에 점점 다가가고 있다.

다른 비유를 생각해 보자. 공기가 빠진 공을 가지고 그것을 물 속으로 밀어 넣어 보라. 이것은 쉽다. 그러면 공기를 조금 넣고 다시 해보라. 이것은 약간 어렵다. 조금 더, 조금 더 공기를 넣어 공이 완전히 팽팽해지면, 그 공 전부는 고사하고 단 일부분도 밀어 넣기가 불가능하다는 것을 알게 될 것이다.

당신의 문제들을 공 속에 들어 있는 공기라고 생각해 보라. 공기가 첨가됨에 따라 그것을 물 속으로 밀어 넣기란 점점 더 어려워진다. 그리고 그것은 어느 날 갑자기 표면으로 튀어 오른다.

이 책은 그러한 문제들이 당신을 걸려 넘어지게 하기 전에 당신이 그것들과 씨름할 기회를 제공할 것이다. 이 책은 하나님을 의심하게 하는 전형적인 문제들―고통과 좌절, 갈등하는 감정들, 강력한 유혹들, 응답되지 않는 기도들, 위선과 율법주의 등―에 초점을 맞추고 있다. 각 장마다 한 문제에 집중하고, 당신의 내적인 혼란을 덮어 줄 만한 대답들을 제공하고 있다.

두 종류의 의심

의심은 잘못된 것일까? 그것은 당신의 신앙을 잃어버리게 하는 것일까? 당신에게 일어나는 의심과 질문들이 당신의 가정과 교회에서 좌우되고 있는 것 같다는 생각에 대해 어떻게 느끼는가? 당신의 부모가 자신들의 가치와 신념들을 엄격히 방어하려고 하면 할수록, 당신은 아마 그들의 신념에 대해 문제를 제기하는 것에 점점 더 부자유스러움을 느꼈을 것이다. 어떤 가정과 교회에서는 의심하면 죄책감과 부끄러움을 느끼게 한다.

의심하는 사람들은 가끔 '문제아' 취급을 받는다. 아마 당신은 문제를 제기하는 사람을 '반역자', '타락한 자' 혹은 '미숙아'라고 표현하는 소리를 들었을 것이다.

물론 의심하는 모든 사람들이 그들의 의심에 대해 진지한 것은 아니다. 종종 그들은 실제로는 그 대답에 관심이 없다. 그들은 자신들의 질문을 진실과 부딪히는 것을 피하기 위한 연막으로 사용할 수 있다. 혹자는 실제로 전혀 기독교의 진리를 의심하지 않을 때도 의심한다고 말하기도 한다. 그들은 단지 그들이 이미 알고 있는 진리에 **순종**하지 않으려는 것이다.

그러나 진짜 의심도 있다. 이런 의심은 궁극적으로 더 큰 이해와 더 깊은 신앙과 또한 하나님과의 더 가까운 관계로 인도한다. 진짜로 의심하는 사람들은 복잡한 문제에 대하여 획일적으로 대답하는 것에 만족하지 않는다. 의심이 자신을 괴롭힐 때, 그들은 진리를 깨닫기 위해 시간을 들여 생각하고 책을 읽으며 다른 사람과 토론한다. 그들은 진리에 헌신된 사람들이다.

당신이 처음 예수님을 따르기로 결심했을 때, "나는 어떻게 인생을 이해할 수 있을까?", "선과 악을 어떻게 구별할 수 있을까?", "죽음 후에는 어떤 일이 일어날까?", "죄책감을 어떻게 다루어야 하나?" 하는 질문을 했고, 결국은 대답을 발견했을 것이다. 간단히 말하면, 이와 같은 질문과 다른 많은 질문들에 대한 만족할 만한 대답들은 성경 구절에서 찾을 수 있다. 성경은 하나님께서 당신을 창조하셨고, 당신이 그분의 뜻을 구할 때 당신의 인생에 의미를 주신다고 알려 준다. 성경은 당신이 살아갈 지혜를 가르쳐 준다. 당신이 죄를 지었을 때, 성경은 하나님께서 그분의 아들 예수 그리스도가 십자가 위에서 돌아가시며 당신을 대신하여 벌을 받으셨기에 당신을 용서해 주신다고 말한다. 성경은 또 당신의 죽음이 끝이 아니라 하나님과의 영원한 삶의 시작이라고 말한다.

아무것도 이런 대답들의 기본적인 중요성을 숨겨서는 안된다. 그러나 당신이 그리스도인의 삶을 살아갈 때, 새로운 질문들 – 성경이 완전하게 대답하지 않는 종류의 질문들 – 과 부딪히지 않을 수 없다. 이것이 바로 이 책에서 당신이 더 깊이 탐구할 질문들이다.

성경 속의 위대한 믿음의 인물도 그러했다.

만일 당신이 하나님을 의심했던 유일한 사람일 것이라고 걱정한다면, 성경을 좀더 자세히 보라. 당신은 의심을 이기고 승리를 선포하는 많은 성도들을 발견할 수 있으리라 기대할 것이다. 그러나 그와는 반대로 성경에 나오는 많은 사람들은 어려운 질문 때문에 실족했다. 나는 기다란 족보 속에 묻힌 의미 없는 사람들을 말하는 것이 아니다. 나는 지금 위대한 인물들에 대해 말하고 있다.

구약의 욥은 하나님께 고통에 대한 예리한 질문을 한 것으로 알려져 있다. 몇몇 질문들을 들어보자. "하나님에게 둘러싸여 길이 아득한 사람에게 어찌하여 빛을 주셨는고?"(욥 3:23), "내가 바다니이까 용이니이까 주께서 어찌하여 나를 지키시나이까 혹시 내가 말하기를 내 자리가 나를 위로하고 내 침상이 내 수심을 풀리라 할 때 주께서 꿈으로 나를 놀래시고 이상으로 나를 두렵게 하시나이다… 사람이 무엇이관대 주께서 크게 여기사 그에게 마음을 두시고"(욥 7:12-14, 17), "주께서 주의 손으로 지으신

것을 학대하시며 멸시하시고 악인의 꾀에 빛을 비춰시기를 선히 여기시나이까?"(욥 10:3). 이것은 반드시 단순한 질문은 아니다. 그러나 하나님은 욥이 그런 질문을 하는 것을 결코 정죄하지 않으셨다.

이스라엘의 목자요 왕이었던 다윗은 많은 경우에 하나님께 질문했다. 시편에서 그는 자신의 감정이 즐겁든지, 슬프든지, 두렵든지, 회의적이든지 상관없이 그것들을 하나님께 쏟아 놓았다. 시편 22편에서 그는 "내 하나님이여 내 하나님이여 어찌 나를 버리셨나이까 어찌 나를 멀리하여 돕지 아니하옵시며 내 신음하는 소리를 듣지 아니하시나이까 내 하나님이여 내가 낮에도 부르짖고 밤에도 잠잠치 아니하오나 응답지 아니하시나이다"(1, 2절)라고 쓰고 있다. 시편 13편에서는 "여호와여 어느 때까지니이까 나를 영영히 잊으시나이까 주의 얼굴을 나에게서 언제까지 숨기시겠나이까 내가 나의 영혼에 경영하고 송일토록 마음에 근심하기를 어느 때까지 하오며 내 원수가 나를 쳐서 자긍하기를 어느 때까지 하리이까?"(1, 2절)라고 부르짖고 있다. 그러나 하나님께서는 다윗의 그런 불손한 질문에도 불구하고 여전히 그에게 신실하셨다.

솔로몬의 것이라고 여겨지는 다음의 우울한 구절을 읽어 보라.

"… 모든 것이 헛되도다… 하나님이 인생들에게 주사 수고하게 하신 것이라 내가 해 아래서 행하는 모든 일을 본즉 다 헛되어 바람을 잡으려는 것이로다"(전 1:2, 13, 14).

신약에도 역시 의심하는 사람들이 나타난다. 세례 요한은 예수님을 개인적으로 만났고 그분에게 세례를 주었다. 그러나 그는 나중에 예수님이 진정한 메시아이신지 의심했다(마 11:2-6; 눅 7:18-23). 예수님은 요한을 비난하지 않으시고 증거를 보고 믿음을 잃지 말라고 말씀하셨다. 예수님조차도 세상을 위한 하나님의 계획에 대해 불확실함을 표현했다. 겟세마네 동산에서 예수님은 "하나님이여 십자가 외에는 다른 길은 없나이까 정녕 내가 죽어야 합니까?"라고 기도하셨다. 또 십자가 위에서 고통 중에, 모든 성경 말씀 중 가장 뇌리를 떠나지 아니하는 말씀을 하며 울부짖으셨다. "…나의 하나님, 나의 하나님, 어찌하여 나를 버리셨나이까?"(막 15:34, 본래는 시 22:1에 쓰여 있다).

또 한 사람은 성경에서 의심 많기로 유명한 '의심하는 도마'이다(요 20:24-29). 그는 대담하게도 예수님을 보고 그의 상처에 손을 대보지 않고는 예수님이 정말로 죽음에서 부활하셨다는 것을 믿을 수 없다고 외쳤다. 마침내 도마가 예수님을 보았을 때, 예수님은 그에게 어떻게 말씀하셨는가? "네 손가락을 이리 내밀어 내 손을 보고 네 손을 내밀어 내 옆구리에 넣어 보라." 그런 예수님은 계속해서 "너는 나를 본고로 믿느냐 **보지 못하고** 믿는 자들은 복되도다"라고 말씀하신다. 예수님은 도마가 의심한다고 그를 정죄하지 않으셨다. 오히려 도마의 의심에 대해 대답하시고 미래의 다른 사람들은 믿음을 갖기가 훨씬 더 어렵다는 것을 경고하셨다.

확실히 이런 모든 성경 속의 인물들이 정죄받지 않고 하나님께 의심을 표현할 수 있었다면, 당신이 그렇게 하는 것도 문제가 되지 않는다. 성경은 하나님께서 의심하는 자들과 질문자들을 환영하신다고 가르쳐 준다. 하나님께서는 당신에게 의심하고, 해답을 찾고, 진리를 구할 자유를 주신다(결국 그분이 진리시다). 따라서 당신 자신에게도 똑같은 자유를 부여하라. 그러면 그것을 발견할 것이다.

그리스도인이 될 때 특별한 **감정**의 변화가 없다

당신과 하나님과의 관계는
감정으로 느끼는 것보다 훨씬 더 깊다

그리스도인이 될 때 특별한 감정의 변화가 없다

> 당신과 하나님과의 관계는
> 감정으로 느끼는 것보다 훨씬 더 깊다

의심은 여러 가지 이유로 인해 일어날 수 있다. 당신은 아마도 비극적인 사건, 고난, 응답받지 못한 기도, 악의 문제 등과 같은 커다란 문제들과 씨름하고 있기 때문에 의심하고 있을 것이다. 이 글에서 우리는 바로 이러한 몇 가지 문제들을 다루고자 한다.

어쩌면 당신의 의심들은 베키(Becky)의 경우와 흡사할 것이다. 이제 새내기 그리스도인이 된 그녀는 어느 여름 산림 경비대원으로 일하는 동안 자신의 확신에 대해 의심하게 되었다. 그 의심은 커다란 문제라고 할 수는 없지만 주로 그녀의 감정과 관련된 것이다. 그녀의 설명을 들어보자.

콜로라도 산맥에서 일한 지 세번째 되는 여름이었습니다. 나는 아주 능숙한 고참 경비대원입니다. 그래서 나는 다른 사람으로 하여금 내가 무엇을 하려는지 알게 하고 싶지 않았습니다.

내 주위를 둘러보고 나서 나는 폐기의 녹음기 옆을 살금살금 지나 칙칙한 갈색 산림청 카페트에 무릎을 꿇었습니다. 우쭐해지는 기분에 짐짓 놀라면서 무릎 사이에 꼭 모아 쥔 손을 가만히 바라보았습니다.

"좋아요… 하나님! 나는 당신을 믿습니다. 영접하고 싶어요. 예수님을 영접합니다. 내 마음에 오세요." 그리스도인들이 기도하던 것을 들은 적이 있던 터라 이렇게 더듬거리며 기도하고는 기다렸습니다. 귀를 기울였지요. 그러나 어떤 소리도 들리지 않았습니다. 큰 종소리 같은 것은 아니라도 적어도 초자연적인 진동 같은 그 무엇이 있을 거라고 기대했습니다. 그러나 어떤 변화도 일어나지 않았습니다. 어디 잘못된 데라도 있나 의아해했습니다. 다시 눈을 꼭 감고 얼굴이 일그러질 만큼 힘을 주어 보아도, 아무리 애를 써도 좀처럼 몸이 달아오르지 않았습니다. 발이 저린 것이 내 느낌의 전부였습니다. 그것은 어떤 영적인 변화 때문이 아니라 우스꽝스런 내 자세 때문이었습니다. 그리고 금요일 밤에 먹어 버린 돼지고기와 콩 냄새를 맡았어요. ─막 거듭난 사람들은 그런 냄새를 맡을 만큼 산만하지는 않을 겁니다.

녹음기 옆에 있는 오렌지색 가구에 기대어 저려오는 발을 딛고 천천히 일어섰어요.

"아직 때가 되지 않았나보지요, 하나님?"

오후 8시 30분밖에 되지 않았는데 절뚝거리며 방으로 들어갔습니다. 그리고 곧 삐걱거리는 군용 침대로 파고 들어갔습니다.

내가 만났던 그리스도인들에게는 확실히 뭔가가 있었습니다. 그들에게는 나와는 달리 견고한 확신이 있었습니다. 나의 불확신에 넌더리가 나서, 마침내 그들이 갖고 있는 것이 무엇이든지 간에 그것을 얻기를 원했습니다. 그러나 지금 나는 그것을 얻는 데 완전히 실패했습니다. 더듬거리며 하나님께 드렸던 기도는 직접적인 응답을 받지 못했고 변화를 받았다는 느낌도 없었습니다. 지난 밤에 그랬던 것처럼 여전히 졸릴 뿐입니다. 처음에는 내가 이 세상에 태어난 목적이 무엇일까 생각하다가 잠이 들었습니다.

그 후에 베키는 캠프 집회에서 친구 봅 가정과 만남을 갖게 되었다. 그녀는 그들에게 몇 가지 질문을 할 수 있었다.

"그래, 주님께 나아갔었니?" 봅이 말했다.
"그래, 그러나 받아들여졌다고 생각하지는 않아. 아무 일도 일어나지 않았거든. 그것은 내가 들어 왔던 경험이 아니었어. 벌렁 자빠지기도 하고 절름발이가 고침을 받기도 한다던데…. 3분 더 늙었다는 것 외에는 아무런 느낌도 없었어 도대체 내가 구원을 받은 것인지, 아니면 잠시 미뤄진 것인지 모르겠어." 나는 대답했다.

베키의 생각에는 그리스도인이라면 누구나 느껴야만 하는 그런 것을 자신은 '느끼지 않기' 때문에 의심하게 되었다. 몇 가지 이유 때문에 하나님께 자신의 삶을 내어 맡겼을 때 그녀가 기대했던 감정이 일어나지 않았던 것이다.

당신이 처음 그리스도인이 되었을 때도 그렇지 않았는가? 혹은 당신의 감정이 당신의 믿음과 일치하지 않는 경우는 없었는가?

예를 들면, 요한일서 1장 9절 말씀에 따라 자신의 죄를 사해 달라고 간구했으나 여전히 죄의식을 느끼는 그런 경우 말이다.

혹은 성경이 하나님의 말씀이라고 확고히 믿는데도 불구하고 계속해서 성경에 마음을 둘 수 없을 때가 있다.

혹은 당신에게 잘못을 범한 사람에게 사랑으로 대하려고 하지만 분노가 치미는 경우가 있다. 또는 주일 아침 예배당에 앉아 있을 때 특별한 감격—어떤 '놀라운 일'이든지를 막론하고—을 느끼지 못하기도 한다. 또 다른 그리스도인들은 어떤 결정을 내릴 때 평안을 느낀다고 하는데 당신도 시도는 해보았지만 자신의 결정에 대해 혼란만 느끼게 되는 경우가 있다.

대체 감정과 믿음은 어떤 관계가 있는가? 하나님을 느낀다는 것이 가능하긴 한 일인가? 왜 당신의 감정은 때때로 당신이 믿는 것과 상충되는가? 이 문제에 답하기 전에 감정의 본질에 대해 좀더 깊이 생각해 보자.

감정은 자연스럽고 정상적인 것이다.

감정이란 일상적인 삶에서, 대개는 서로 간의 관계 속에서 경험하는 정서적, 신체적 반응이다. 당신이 새롭게 옷을 차려 입고 나갔을 때 어떤 사람이 멋지다고 말하면 당신은 기분이 좋을 것이다. 반면에 남자 친구가 약속 장소에 늦게 나타나면 화가 난다. 밤 늦게 귀가해서 부모님께 거짓말을 하면 죄책감을 느낀다. 시험 기간이 다가오면 불안을 느낀다. 성적이 떨어지면 부끄러움을 느낀다.

감정은 다른 사람과 관계를 맺고, 당신과 당신의 필요를 이해하며 또한 어떤 결정을 내리는 데 도움이 되는 정보를 제공한다. 감정은 자연스럽고 정상적이며 좋은 것이다. 감정은 본질상 옳은 것도 그른 것도 아니다. 감정은 바로 그런 것이다. 당신이 해야 할 일은 감정을 인식하고 또 당신에게 나타난 그러한 감정이 무슨 의미인지 해석하는 것을 배우는 것이다. 감정에 따라 어떻게 행동해야 할 것인지를 결정해야 한다. 옳고 그르다 할 수 있는 것은 감정이 아니라 행동이다.

감정에 있어서 흥미로운 점은 그것이 신뢰할 만한 것이 될 수도 있고 동시에 신뢰할 수 없는 것이 되기도 한다는 것이다. 어떤 면에서 감정은 **항상** 솔직하다. 당신의 여자 친구가 약속 시간에 늦어 화가 났다면, 비록 그녀에게 정당한 이유가 있다 해도 당신이 화가 난 것은 분명한 사실이다. 일단 그녀가 용서를 구하면 기분은 달라질 수 있다. 어쨌든 당신의 여자 친구가 의도적이든 그렇지 않든 간에 당신의 감정을 상하게 했음은 사실이며, 좋은 관계는 그 상처를 어떻게 해결했느냐에 달려 있다. 감정은 당신과 당신의 여자 친구 사이에 일어난 일들을 솔직하게 반영한다.

한편, 감정은 그것에 따라 행동하기에는 신뢰할 만한 것이 못된다. 이를테면, 당신이 학교 친구들과 함께 플로리다로 여행 가는 것을 흥미롭게 느낀다고 해서 꼭 가야만 하는 것은 아니다. 특히 그로 인해 두 과목의 학기말 시험을 치를 수 없다면 더욱 그렇다.

감정은 항상 당신 자신에 대해서는 정확한 정보를 제공하지만, 당신이 어떻게 행동해야 할 것인지에 대해서는 반드시 정확한 권면을 제공하는 것이 아니다. 누군가의 손을 잡거나 꼭 껴안고 싶은 충동을 따라 행동하는 것은 종종 멋진 일이지만, 어떤 사람을 때리고 싶은 충동에 따라 행동하는 것은 좋은 일이 아니다. 그 행동이 옳든 그르든 간에 그 감정은 여전히 진실하다.

당신이 직면하는 많은 갈등들은 뭔가를 하고 싶다는 감정과 당신이 해야만 한다고 믿는 것 사이에서 겪는 갈등으로 간추릴 수 있다. 당신은 감정에 따라 너무 성급히 행동하든지 아니면 감정에서 완전히 분리된다. 당신은 감정을 무시해 버리든지 무조건 따른다. 그러나 어느 반응도 건전한 것이 못된다. 생활에서 부딪히는 가장 큰 도전 중의 하나는 감정과 원칙 중 어느 한쪽의 중요성에도 손상을 주지 않고 양자를 균형 있게 유지하는 것이다.

어떤 사람이 당신을 화나게 했을 때, 먼저 당신의 감정에 귀기울이고 그 실체를 파악하는 것(화가 났을까, 상처를 받았을까 하는 것 등등)이 건전한 반응이다. 그런 후에 우선 그 감정의 직접적인 원인을, 다음에는 그 저변에 잠재된 원인을 밝혀내는 데 힘을 쏟으라.(예를 들면, 그가 나에게 "넌 농구에는 아무 쓸모가 없는 놈이야"라고 했을 때, 나는 화가 났다. 사실 나는 농구를 잘하지 못한다. 친구들과 농구를 할 때 자주 열등의식에 사로잡혔다. 그런데 그가 한 말은 나에게 스포츠에 대한 좌절감을 안겨 주었다)

이렇게 했을 때, 당신의 감정을 어떻게 해야 할지 결정하기 위해서 당신은 훨씬 나은 위치에 있을 수 있다. 당신은 그에게 몇 마디 해주기로 결정하든지 아니면 점프 슛 연습을 하기로 결정하든지 할 것이다. 중요한 것은 감정에 따라 행동하기 전에 그것을 이해하는 시간을 가져야 한다는 점을 깨닫는 것이다. 그것이 인간으로서 배우고 성장하는 방법이다.

믿음이 필요한 상황은?

지금까지 우리는 감정의 본질에 대해 간단히 살펴보았다. 그러면 믿음은 감정의 본질과 어떻게 조화되는가? 하나님에 대한 당신의 감정은 다른 사람에 대한 당신의 감정과 실제로 그렇게 다르지 않다.

하나님에 대한 당신의 감정이 굉장하기를 기대하는 것은 지극히 정상적이다. 하나님의 사랑과 보살핌에 대한 성경의 모든 놀라운 약속 때문에, 당신은 자연히 하나님으로 인해 항상 기쁘기를 기대한다. 아마 당신이 처음 그리스도인이 되었을 때 그러했을 것이다. 그러나 그런 경우가 있다 해도 소수만이 하나님에 대한 자신들의 감정을 지속적으로 발전시킬 뿐이다. 그리고 그들 역시 저조한 감정들을 경험한다.

당신은 하나님에 대한 자신의 감정을 다루는 데 있어서 두 가지 극단적인 측면을 드러낼 수 있다. 즉, 감정에 따라 자발적으로 행동하든지, 혹은 감정을 모두 부인하는 것이다. 첫번째 극단의 경우에는 이렇게 말할지도 모른다. "나는 기도할 때 하나님의 임재를 느끼지 못해. 하나님은 거기에 계시지 않는 게 틀림없어." 그래서 기도를 중단해 버린다. 아니면 베키의 경우처럼 "나를 예수님께 맡겼을 때 어떤 변화도 느끼지 못했어. 하나님은 실재로 존재하시지 않는 게 틀림없어"라고 말한다.

또 후자의 경우는 어떤 혼란스런 상황에 처했을 때 그에 대한 임시 구급약으로 단순히 성경 구절을 암송하면서 웃어 넘겨 버린다.

그러나 가장 바람직한 경우는 감정과 믿음이 조화를 이루는 경우다. 으레 당신이 생각했던 방식대로 감정이 느껴지지 않을 때도 당신의 믿음이 잘못되었다고 속단하지 말아야 한다. 또한 당신의 의심과 질문을 부인하거나 경시하지 말라. 감정에 주의 깊게 귀를 기울이라. 감정을 이해하고 해석하는 데 힘을 기울이라. 감정의 근원적인 원인을 밝혀내면, 그것을 통해 당신은 자신에 대해, 즉 당신의 필요, 당신의 갈망, 당신의 상처, 그리고 이와 같은 것들이 당신과 하나님의 관계에 어떻게 영향을 끼치는지 알게 될 것이다.

당신의 세계관

하나님에 대해 실망감을 느낄 때, 대부분의 사람들은 하나님과의 관계에 있어서 어떤 잘못된 점이 있지는 않은지를 애써 찾는다. 그들은 자신이 용서받을 수 없는 큰 죄인이며, 따라서 하나님께서 약속한 축복을 그들에게 주시지 않는다고 생각하거나, 혹은 성경의 약속들은 믿을 수 없는 허위 광고와 같은 것이라고 생각한다.

실제로 그런 나쁜 감정은 전혀 하나님으로부터 온 것이 아니다. 보통 나쁜 감정은 당신의 지나간 삶으로부터 온다. 당신의 지나간 삶은 하나님을 포함하여 세상이 어떻게 행동해야 하는지에 대해 당신 나름대로 가설들을 세우도록 영향을 주었다. 이러한 영향은 하나님에 대한 당신의 감정에 주요한 요인이 될 것이다.

「미래의 충격」(*Future Shock*)과 「제3의 물결」(*The Third Wave*)의 저자인 앨빈 토플러(Alvin Toffler)는 세계관을 '세계의 정신적 모델' (mental model of the world)로 설명하고 있는데, 그는 그것을 뇌 속의 거대한 서류 상자에 비유한다. 당신이 성장함에 따라 여러 상황 및 사람들과 부딪히면서, 당신은 하나님, 인간의 본질, 선과 악, 인생의 목적 등과 같은 정보를 마음 속에 차곡차곡 정리하여 쌓아 둔다.

제임스 사이어(James Sire)는 그의 저서 「독서하는 기쁨」(*The Joy of Reading*)에서 이렇게 쓰고 있다. "달리 표현하면, 세계관이란 현실을 그린 지도와 같다. 일반 지도처럼, 세계관이라는 지도는 실제의 사실들을 그대로 그려 넣을 수도 있지만 아주 잘못 그려 넣을 수도 있다. 지도는 세계 그 자체가 아니다. 물론 세계를 그대로 반영하고 있으나 어떤 부분에서는 다소 정확하고, 어떤 부분에서는 찌그러진 영상일 뿐이다. 여전히 우리 모두는 그런 지도를 우리들의 정신 구조에 그려 넣고는 그 지도에 따라 행동한다. 우리의 모든 사고도 그것을 전제로 한다. 우리가 경험한 것의 대부분은 그것에 일치한다."

예를 들면, 당신이 살고 있는 문화는 당신의 세계관에 영향을 미친다. 이란인은 미국인과는 다른 하나님에 대한 개념을 지니고 성장한다. 표면상으로 무신론 국가인 소련 시민들은 아직도 인격적이면서 전능하신 하나님을 믿으려 하지 않는다. 이 곳 미국에서는 지난 몇 년 사이에 인격적 하나님이라는 개념이 매우 광범위하게 받아들여지고 있다.

심지어 어느 지역에 살고 있는가 하는 점도 사고 방식에 영향을 미친다. 미국 남부처럼 신앙이 두터운 보수적인 지역이 있는가 하면, 북동부 지역처럼 자유주의적인 지역이 있고, 태평양 연안과 같이 자유 분방한 지역도 있다. 이 모든 지역은 나름대로의 신앙 방식과 세계관을 조장한다. 도시에 거주하느냐 변두리나 시골에 거주하느냐에 따라서도 세계관이 달라질 수 있다.

빈부 또한 여기에 한몫을 한다. 부는 실제로 필요한 것보다 훨씬 많은 것들이 당신에게 필요하다고 믿게 하는 원인이 될 수 있다. 부는 하나님

없이도 살 수 있다고 유혹함으로써 인위적인 권력욕과 자립심을 창출할 수 있다. 가난은 한끼에 밥 한 그릇에도 감사하게 할 수 있으나, 또한 인생을 희망이 없는 비관적인 것으로 생각하게 한다.

종교상의 문화도 세계관에 지대한 영향을 미칠 수 있다. 장로교의 인생관은 오순절 교회와 다르다. 어린 시절에 침례교회에 다닌 사람에게는 가톨릭, 감독 교회 그리고 그 외의 전통적인 교회 환경이 경계하고 멀리해야 할 대상처럼 느껴질 수 있다.

그 외에도 타고난 기질, 주위의 친구들, 비극적인 사건이나 위기 상황의 경험 등과 같은 많은 요인들이 있다. 지금까지 기술한 모든 요인들은 당신의 인격과 세계관에 기여한다.

의심은 당신의 머리 속에 있는 지도와 어긋나는 어떤 일에 부딪힐 때 시작된다. 예컨대, 절친한 친구가 갑작스레 죽었을 때, 부모님이 이혼했을 때, 가장 신뢰했던 그리스도인이 불신자로 전락했을 때, 대학 입시에 낙방했을 때, 당신의 생각에 그리스도인이라면 마땅히 가져야만 하는 감정을 당신이 느끼지 않았을 때 등—이럴 때 당신은 이 새로운 정보를 앞에 놓고 당신의 세계관을 수정할 것인지를 결정해야 한다.

때로 당신은 감정으로 인해 믿음이 변화될 수도 있다. 하나님에 대한 당신의 어떤 믿음들은 성경에서 하나님이 자신에 대해 말씀하신 것을 불완전하거나 왜곡된 눈길로 바라보게 만들 수 있다. 그런 경우에 당신의 감정은 참 하나님에 대한 보다 깊은 지식으로 당신을 인도할 수 있다.

하지만 종종 하나님에 대한 당신의 핵심적 믿음은 잘못되지 않는다. 당신은 다만 과거를 통해 당신의 핵심적 믿음을 살펴보라. 그러면 당신의 과거는 당신으로 하여금 특별한 방식으로 하나님께 반응하도록 만든다.

가정의 영향

아마도 당신의 세계관 형성에 가장 큰 영향을 미친 것은 가족일 것이다. 어렸을 때 부모가 당신을 어떻게 다루었는가에 대한 정보가 당신의 머리 속에 있는 서류 상자에 가장 빽빽이 들어 있다.

"우리가 어렸을 때 부모님은 신과 같은 존재였다"고 그리스도인 정신과 의사인 스코트 펙(M. Scott Peck)은 말하고 있다. "부모님이 일하시는 방식은 그 일이 전 우주에 틀림없이 영향을 미치는 방식처럼 보였다. 우리가 하나님의 본질에 대해 처음 가지게 된 관념(애석하게도 그것은 종종 유일한 관념이다)은 부모님의 본질의 단순한 연장이요, 어머니와 아버지의 성격의 단순한 혼합이요, 혹은 그들의 대체물에 불과하다. 만일 자애롭고 너그러운 부모 밑에서 자랐다면 우리는 자애롭고 너그러운 하나님을 믿기가 십상이다. 그리고 성인의 관점에서 세상은 어린 시절처럼 양육하는 곳으로 보인다. 만일 부모가 엄하고 징벌하시는 분이라면, 우리는 엄하고 징벌하시는 괴물 같은 하나님의 개념을 지닌 채 성숙하기가 쉽다. 만일 부모님이 우리를 돌보지 않았다면, 우리는 세상을 단순히 보호하지 않는 것으로 확대 해석하기가 쉽다."

간단히 말해서, 우리는 부모에 대해 가졌던 감정으로 하나님을 투사하는 경향이 있다. 당신의 부모는 당신이 어렸을 때 어떻게 다루었는가? 당신의 부모는 어떤 종류의 세계관에 입각하여 당신을 양육했다고 생각하는가? 당신의 과거를 살펴보면 당신은 하나님을 향한 당신의 현재 감정을 잘 설명하는 근거를 발견할 것이다(부모의 실제 **행동**이 그들의 말보다 훨씬 더 당신에게 영향을 **미친다**는 것을 명심하라).

예를 들면, 부모가 당신에게 학교, 스포츠, 교회에서 현실적으로 달성하기 어려운 높은 수준의 성취를 요구한다면, 당신은 하나님이 성취에 상관없이 당신의 있는 모습 그대로를 받아들이신다는 것을 믿는 데 상당한 어려움을 겪을 것이다. 만일 부모가 당신이 어렸을 때 원하는 것은 무엇이든지 항상 주면서 당신이 하고 싶은 대로 하게 했다면, 하나님에 대해서도 동일한 기대를 갖게 된다는 사실을 알 수 있을 것이다.

부모를 비난하는 함정에 빠지지 않도록 주의하라. 쓸데없이 부모를 비난하려 들기보다는 그들로부터 배우라. 당신의 가족을 회고하는 데는 한 시간 또는 한나절, 심지어 일 주일 이상의 시간이 필요할지도 모른다. 또 어떤 사람들이 그들의 가족과 세계관의 역동성을 다룰 수 있게 되는 데는 몇 년이 필요하다.

그러나 그것은 시간을 들일 만한 가치가 있다. 당신은 하나님에 대한 당신의 감정이 반드시 하나님으로부터 온 것이 아님을 이해하게 될 뿐만 아니라 보다 심오한 이해로 인해 당신의 감정이 변화될 수 있다는 것을 알게 될 것이다.

믿음과 감정의 조화

당신의 믿음이 개인화되어 간다고 해서 당신이 하나님에 대해 결코 갈등하지 않을 것이라는 보장은 없다. 아무도 자기 자신이나 하나님을 철저히 알지 못하기 때문에 하나님과의 일치감과 생동감을 느낄 수는 없다. 당신은 여전히 허공에 기도하고 있는 것처럼 느낄 것이다. 비록 하나님이 당신을 용서하셨다는 것을 '안다' 할지라도 당신은 여전히 죄책감을 느낄 수 있다. 당신은 무척 외로운 나머지 왜 하나님이 그 외로움을 가져가시지 않는지 의아해 할 수도 있다. 그러나 만일 당신의 감정, 당신의 믿음, 당신의 지나온 삶 등을 검토해 보는 시간을 갖는다면, 당신은 당신이 믿는 바를 훨씬 더 잘 **느낄** 수 있을 것이다.

하나님과의 관계는 당신의 친구나 연인과의 관계처럼 다양하다. 좋은 감정을 발전시키고 깊어지기 위해서는 많은 시간을 요한다. 때로 오해가 있을 수도 있다. 당신이 항상 동일한 감정을 유지할 수 있는 것은 아니다. 그러나 시간이 지나면 서로를 알고 이해하게 된다. 물론 대인 관계와 차이점이 있다면 하나님은 관계에서 실패하지 않으신다는 점이다. 당신이 하나님에 대해 어떻게 느끼든지 간에, 하나님은 항상 동일하시다. 하나님은 당신의 의심에 싫증을 내지 않으신다. 그분은 당신이 어떻게 느끼든지 상관없이 당신과 당신의 감정을 이미 철저히 알고 있고 당신을 완벽하게 사랑하신다.

심지어 그리스도인이 된 지 수년이 지났을지라도, 당신과 하나님의 관계는 늘 새롭다. 그 이유는 특별히 이 관계가 영원히 지속될 것이기 때문이다. 따라서 당신과 하나님의 관계가 더욱 가까워질 수 있도록 많은 시간을 투자하라.

다음은 베키가 캠프 집회에서 친구 봅으로부터 배웠던 교훈이다.

"감정은 공상적일 수 있어." 봅이 내게 말했다. "그러나 다행스럽게도 우리는 하나님을 알기 위해서 정서적으로 높은 수준을 지닐 필요는 없어. 베키, 너는 아직 그분을 잘 모를지도 몰라. 그러나 하나님은 너를 알고 계셔. 네가 이 사실을 깨닫든 깨닫지 못하든 간에 하나님은 이미 네 삶 속에서 활동하고 계시는 거야."

밥과 대화한 후에, 나는 너무나 기뻐서 내가 8천 피트의 고도에 있다는 것을 거의 믿을 수 없었다. 그러나 콜로라도 록키 산맥에서 보낸 그날 밤, 나는 고도는 문제가 되지 않는다는 것을 알았다. 이제 나는 아무 것도 느낄 수 없을 때, 심지어 내가 잊혀진 한 켤레의 더러운 양말처럼 느껴질 때도 내 안에 존재하고 있는 우주 속에 가장 흥분을 불러일으키는 그 무엇이 여전히 존재하고 있음을 알게 되었다. 몸이 달아오르는 체험도 좋다. 그러나 그것이 나로 하여금 하나님께 더 가까이 가도록 해주는 것은 아니다. 예수님은 마치 따뜻한 가슴 속에 계시는 것과 똑같이 차가운 가슴 속에도 마찬가지로 편히 거하신다.

유혹은 때때로 너무 강해서 물리칠 수 없다

그러나 당신은 그것을 이길 수 있다

유혹은 때때로 너무 강해서 물리칠 수 없다

그러나 당신은 그것을 이길 수 있다

우리가 익히 알고 있듯이 감정이 반드시 사실을 반영하는 것은 아니다. 예를 들어, 당신은 사실상 하나님으로부터 즉시 도움을 받을 수 있을 때도 하나님이 멀리 계신다고 느낄 수 있다.

그러나 때때로 외관상 아주 실제적인 이유 때문에 하나님으로부터 멀리 떠나 있는 것처럼 느낄 때가 있다. 당신은 그리스도인으로서의 삶 속에서 가장 절망시키는 것이 무엇인지 아는가? 그것은 바로 외설잡지 같은 것을 보고 나서 또다시 유혹에 빠진 직후에 갖는 감정이다.

유혹은 매우 침투하기가 쉽고 개인적이다. 우리 인간은 단순히 내적 스위치를 건드리면 자동적으로 모든 것에 아니오라고 말할 수 있는 존재가 아니라는 사실을 하나님은 모르시는 것일까? 나는 나 자신이 계속해서 유혹을 물리치지 못한다는 것을 알고 있다.

나는 유혹에 대해서 생각해 왔다. 왜 하나님은 유혹을 허락하시는지 그리고 그것을 물리치는 어떤 신비한 비밀이 있는지 궁금했다. 때로는 "하나님께 맡겨라" 혹은 "주님을 바라보라"와 같은 구절이 도움이 되기도 했다. 그러나 이 구절에는 어떤 신비한 것이 없다. 나 자신을 단지 어떤 정신 훈련을 받게 함으로써 유혹에서 벗어날 수는 없다.

그런 종교적 '테크닉'은 때때로 나를 매우 실망시켰다. 그것은 내가 대답을 갖고 있다고 생각하게 만든다. 그러나 다시 유혹에 굴복하게 되고, 비로소 내가 해답을 갖고 있지 않다는 것을 깨닫게 된다. 그리고 다시 회의가 찾아온다.

유혹이란?

유혹의 본질을 충분히 생각하는 것은 유익하다. 유혹에는 식별할 수 있는 어떤 일정한 경향이 있는가? 나는 유혹에는 세 가지 구성 요소가 있음을 알았다.

유혹은 당신의 눈에 비치는 대상일 수 있다

유혹은 아름다운 여인을 보고는 온통 그녀의 몸에만 생각이 사로잡혀서 그녀를 한 인격으로 보기보다는 한 대상으로만 보는 것이다.

- 유혹은 몸무게를 줄이려고 애쓸 때 파이 한 조각이다.
- 유혹은 포르노 잡지다.
- 유혹은 훨씬 많이 거슬러 받은 잔돈이다.

만약 당신이 유혹을 피하고 싶다면, 가능한 한 이러한 대상들을 피하라. 그러나 안타깝게도 그런 대상들은 은둔자가 되지 않는 한 멀리하기가 쉽지 않다.

유혹은 압력받는 상황이다

- 유혹은 안 하느니만 못한 일을 하도록 당신을 조롱하고 충동질하는 상황이다.
- 유혹은 사장이 당신을 모욕할 때 그에게 심하게 욕설을 퍼붓고 싶은 상황이다.
- 유혹은 당신을 비웃고 자기들끼리만 즐기는 낯선 사람들 속에서 몰래 빠져 나오고 싶도록 스스로 서글픈 심정이 드는 상황이다.

당신 혼자서는 그런 상황들이 유혹하는 일들을 하고 싶지 않을지도 모른다. 험담하고 있는 친구들과 함께 있지 않다면 당신은 험담을 하지 않을 것이다. 만일 당신의 친구들이 욕설하지 않으면 당신도 하지 않을 것이다. 그러나 어떤 상황에서는 분위기에 이끌려 하고 싶지 않은 일을 하게 된다.

그러나 당신은 유혹하는 대상들로부터 멀리 떠날 수 있는 것과 마찬가지로, 몇 가지 그런 상황들로부터 벗어날 수 있다. 만일 당신 친구들이 항시 문제를 만든다면 당신은 새로운 친구들을 찾을 필요가 있다. 아니면 그들이 문제를 일으키려 할 때 피할 필요가 있다.

다른 상황들은 당신이 완화시킬 수도 있는 상황들이다. 한 차례의 적절한 비평은 긴장된 순간을 완화시킬 수 있다. 당신은 동료 사이에서 추종자 대신에 지도자가 될 수 있다. 당신은 사장과 마주앉아 당신이 어떻게 느끼고 있는지를 설명하여 사장이 당신을 쉽게 모욕하지 못하도록 할 수 있다.

불행하게도 압력을 주는 어떤 상황들은 피하거나 변화되기가 쉽지 않다. 유혹은 불가피한 것처럼 보인다.

유혹은 당신을 속이기 위해 당신 머리 속에서 속삭이는 음성이다

- 유혹은 속삭인다. "너는 쓸모 없는 놈이야. 노력해서 뭐하니?"
- 유혹은 속삭인다. "내가 당한 것과 똑같이 그들에게 앙갚음해야 해. 그들은 그렇게 당해도 괜찮아."
- 유혹은 속삭인다. "그것을 한 번 더 한다고 해서 달라지는 것이 있어?"
- 유혹은 하나님의 말씀이 진리라는 사실에 의심을 품게 하고 반쪽 진리를 마음 내면에 뿌리는 등 내면에서부터 발생한다.

이것이 유혹의 가장 파괴적인 면이다. 유혹하는 대상과 압력을 주는 상황만으로는 충분하지 않다. 이것들이 생각 속으로 들어와야만 유혹이 된다. 확실히 당신은 자신의 생각에서 도망칠 수 없다. 당신은 장소와 시간을 가리지 않고—교회에서, 혼자 있을 때, 광야에서(사실상 예수님이 가장 심하게 유혹 받은 곳이다)—유혹받을 수 있다.

그러면 당신은 어떻게 '유혹을 피하려고' 하는가?

그것은 불가능하다. 어떤 사람들은 그들의 삶에서 유혹을 차단시키려 애쓴다. 그들은 오로지 '안전한' 파티와 '안전한' 영화만 보러 간다. 또 '안전한' 친구만 사귄다. 그들은 해변과 비기독교적인 서적을 멀리하고 유혹이 그들의 인격 안에서 결코 틈을 발견하지 못하도록 스스로 규칙을 세워 그것을 엄격하게 지키려 한다. 이런 모든 행위는 때로는 적절할 수 있다. 그러나 진정한 해결책은 어떤 것이든 두뇌를 다루는 것이 함께 포함되어야 한다. 만일 당신 자신의 사고 속에 유혹이 없다면, 당신의 삶 속에서 친구들과 일들로 인해 생기는 문제들을 극복할 수 있다.

도움이 되는 유추(Analogy)

유혹의 압력은 실제의 물리적 압력과 상당히 유사하다. 우리는 단지 어느 지점까지만 그것을 '피할' 수 있다. 잠수함이 방수가 되었다 해서 원하는 대로 깊이 들어갈 수 있다고 생각하는가? 그것은 불가능하다. 북극의 얼음을 완전히 부술 만큼 강하게 건조된 핵 잠수함이 가장 깊은 잠수 기록을 보유하고 있다. 트레셔(Thresher)라 알려진 잠수함이 몇 년 전 그 깊이를 넘어섰다. 압력이 매우 커지자, 바닷물은 그 잠수함의 몸체를 마치 플라스틱 모형 잠수함인 것처럼 산산조각 내버렸다. 그 배를 수색했던 사람들은 바다 밑에 가라앉은 거대한 선체의 단지 몇 조각만을 찾아냈을 뿐이다. 잠수함이 부서진 것은 압력 때문이다.

만일 당신이 잠수함보다 더 깊이 내려가기를 원한다면 어떻게 될 것인가? 특별히 이 목적으로 건조된 탐색선이 있다. 이것은 케이블을 통해 바다에 내려가게 만들어진 강철구 모양인데, 안에 육중한 강철 잠수복을 입은 한 사람이 탑승할 수 있을 정도의 소형이다. 안에 탑승한 연구원은 어떤 생물체든지 생존할 수 있는 압력과 바다 깊이를 두터운 유리창을 통해 관찰한다.

그는 무엇을 보았을까? 물고기다. 당신은 아마 그런 압력에서 살고 있는 그 물고기들을 군용 탱크의 테두리를 따라 조립된 것으로 기대할지도 모르겠다. 그러나 그렇지가 않다. 소형 잠수함은 압력을 견딜 만큼 충분히 두꺼운 강철로 만들어진 데 반해, 이 물고기들은 1인치의 얇고 정상적인 살가죽으로 덮여 있다. 물고기들은 탐색선이 신기한 듯 자유로이 헤엄쳐 접근하기도 한다. 그것들은 이따금 네온 빛을 발산하기도 한다. 그것들은 눈이 아주 컸다. 그것들은 바다에 있는 여느 물고기처럼 이색적이다.

어떻게 그것들은 그런 압력 속에서도 자유로이 생존할 수 있을까? 그 비밀은 외부 압력과 물고기 몸 속의 압력이 동일하다는 데 있다.

현실 세계에서도 어떤 그리스도인들은 아주 두꺼운 강철판을 둘러침으로써 유혹의 압력을 이기려고 한다. 그들은 외부 세계와 단절하고, 좁은 공간에 자신을 꽁꽁 밀폐시킨 채 밖을 살핀다. 그들은 그 안에서만 안전하다. 그러나 하나님이 주시는 자유는 물고기의 경우처럼 그 이상이다. 우리는 우리의 형상을 강철판을 통해서가 아니라 하나님의 영에 의해 지킨다. 하나님의 영은 우리의 삶 가운데서 모든 유혹에 대처할 수 있는 힘을 우리 안에 주신다.

잘 알려진 구절인 로마서 12장 2절은 이렇게 말하고 있다. "너희는 이 세대를 본받지 말고 오직 마음을 새롭게 함으로 변화를 받아…." 밖으로부터의 압력은 당신을 다른 모든 사람들과 똑같이 되도록, 즉 순응하도록 영향력을 행사한다. 하나님의 영은 당신의 마음을 통해 내면에서부터 그것과 반대로 행사한다.

유혹이 존재하지 않는 체하는 것은 소용이 없다. 만일 당신이 다이어트 중에 있다면 월귤(blue berry) 파이 한 조각에도 마음이 끌린다. 물론 여기에는 사악한 것이 없다. 죄란 사실은 전혀 재미가 없는 것이라고 말하는 사람들도 있다. 그러나 그것은 사실이 아니다. 죄는 재미있다. 한동안은.

그러나 죄를 재미없게 만드는 것은 죄에 수반되어 나오는 결과들 때문이다. 오늘 한 조각의 파이를 먹을 수 있지만, 그렇게 하면 내일 체중계 위에 올라서는 것이 고역스럽게 된다. 당신은 오늘 자기 연민을 즐길 수 있다. 그러나 그것을 지속하면 자기 연민이 당신이 즐기는 유일한 것이 될 것이다. 그러면 당신에게는 친구가 하나도 없게 될 것이다.

유혹을 이기려면

유혹을 물리치는 내적인 힘을 얻기 위해 당신의 마음을 변화시키려면 보다 높은 충성, 보다 강한 욕구에 흥미를 둘 필요가 있다. 그것을 생각해 보면 유혹을 물리치는 것은 기본적으로 단순하다. 그것은 선택의 문제다. 당신은 여러 선택들을 조사한 후 무엇을 할 것인지를 결정할 수 있다. 문제는 유혹의 쾌락이 그것에 굴복하지 않았을 때의 기쁨보다 더 확실하고 즉각적인 데 있다. 게다가 인간의 마음은 비뚤어져서 자신에게 이로운 것을 언제나 명백히 볼 수 있는 것이 아니다. 하나님의 사랑을 받는 것보다 친구들의 사랑을 받는 것이 참으로 더 좋아 보인다. 따라서 정말로 당신이 최선의 것과 접할 수 있도록 마음을 새롭게 할 필요가 있다. 그 대가가 유혹에 굴복했을 때 받는 대가만큼 명백하게 되기 위해서는 당신의 사고를 재훈련해야 한다.

아마 다음의 몇 가지 원칙이 그 과정에 도움이 될 것이다.

1. 어떤 유혹에 빠지고 있는지를 알라.

당신의 행동 방식에 따르는 최종적인 결과를 숙고해 보라. 당장은 당신의 부모와 다투고 제멋대로 행동하기가 훨씬 쉬울 것이다. 그러나 미래를 위해 당신은 어떤 종류의 관계를 세워 나가고 있는가? 한편, 하나님께 순종하면 어떤 결과가 나올 것인가? 만일 하나님이 당신 안에 심기를 원하시는 인생의 매력을 볼 수 있다면, 당신은 다른 것 즉 단기간의 쾌락을 선택하려는 유혹을 보다 적게 받을 것이다.

성경은 경건한 삶이 얼마나 좋은 것인지에 대한 주석으로 가득 차 있다. 시편의 대부분은 하나님과의 교제, 그분에 대한 순종, 그분의 세상에 대한 기쁨을 즐기는 순전한 즐거움에 관해 말하고 있다. 시편의 어떤 부분은 경건한 사람들은 대가를 받지 못하는 반면에, 불신자들은 하나님 없이도 행복하고 성공하는 것을 볼 때 찾아오는 의심과 비통한 감정을 솔직하게 쓰고 있다. 그런 시편들(예를 들어 37, 49, 73편)을 읽고 유혹에 굴복하지 않을 때의 유익들을 계속 음미해 보라. 날마다 이렇게 해보라.

2. 유혹하는 생각들을 보다 나은 일로 대체하라.

당신은 유혹을 무시할 수 없다. 그러나 당신은 다른 것으로 당신의 생각들을 채울 수 있다. 여기에 기도는 종종 도움이 된다―그러나 그 기도가 반드시 유혹을 물리치도록 도움을 요청하는 기도일 필요는 없다. 나는 자주 친구를 위하여 기도하기 시작한다. 또한 가끔 당신이 유혹에 빠졌다고 느낄 때 예수님의 능력과 사랑을 기억하는 것도 아주 도움이 된다. 예수님은 당신 편이시고 당신과 함께 사신다. 어떤 사람은 "내게 능력 주시는 자 안에서 내가 모든 것을 할 수 있느니라"(빌 4:13)는 성구를 사용한다.

종교적인 생각으로 당신의 마음을 채울 필요는 없다. 때로는 흥미로운 책을 구입하는 것, 전화로 친구를 불러내는 것, 혹은 어느 프로젝트에 대한 일을 시작하는 것이 최선일 수 있다. 만일 당신이 외설적인 영화를 보고 싶은 유혹에 직면하면, 대신 다른 영화를 찾아 보라. 유혹에 있어 문제는 유혹들이 대부분 가까이 있고 즉각적인 것이라는 점이다. 만일 당신이 유혹을 잠시 미룰 수 있고 또한 유혹의 공포로부터 벗어날 수 있는 여유가 있다면, 당신은 거시안적으로 상황을 볼 수 있는 상태에 있게 될 것이다.

3. 당신의 마음은 패턴(pattern)을 따르는 경향이 있다. 패턴을 바꿔라. 그러면 당신의 마음도 변할 것이다.

어느 가정에서는 아이들이 어떤 TV 프로그램을 시청할 것인지를 놓고 항상 싸운다. 만일 그들이 TV를 켜기 훨씬 전에 어떤 프로그램을 시청할지 타협해야 한다는 사실을 이해하게 되면 그 패턴을 변화시킨다.

내게 있어 지쳤다는 것은 종종 우울해졌다는 것을 의미한다. 나는 스스로 그렇게 슬픔을 느낄 권리가 없다는 것을 나 자신에게 타이를 수 있다. 그러나 보다 효과적인 해결책은 내가 지쳤을 때는 잠을 자는 것이다. 어쨌든 이렇게 하면 유혹을 물리치는 데 있어서 극적인 효과를 볼 수 있다. 나는 마룻바닥을 서닐면서 그것을 물리칠 힘을 달라고 기도하는 대신 유혹의 허를 찌른다.

습관을 깨뜨리려면 종종 인내하면서 열심히 일하는 것이 요구된다. 당신은 먼저 당신을 좌절로 이끌고 가는 패턴을 만들어 낸 것이 무엇인지를 알아내야 한다. 그 다음에 당신은 그 패턴의 초기 단계에서 그것을 깨뜨려야 한다. 그 초기 단계가 아무리 무죄한 것처럼 보여도 그것에 상관없이 당신은 냉정해야 한다. 사람들은 거의 나쁜 패턴을 하룻밤 사이에 깨뜨리지 못한다. 조금씩, 고통스럽게, 그들은 나쁜 패턴을 고쳐 나간다.

4. 고백함으로써 실패의 패턴을 깨뜨려라.

당신이 다른 사람에게 저지른 실수를 잘 검토할 때, 당신의 태도는 변화된다. 한 예로, 당신이 용서를 받으면 당신의 마음은 놓인다. 당신은 자신에게 실망하지 않고 또한 "나는-전에도-그것을-했다-한 번-더-한다고-무슨-문제가 있는가?"라는 태도로 인해 발생하는 실패를 반복하지 않는다. 또 다른 예로 어떤 친구는 당신에게 힘을 줄 수 있다. 그 사람은 당신을 점검하고, 당신을 격려하며, 당신을 위해 기도할 수 있다. 그 친구는 또한 당신에게 하나님의 무한한 용서를 상기시켜 줄 수 있다.

하나님의 무한한 용서

당신이 나쁜 패턴을 확인하고 그것을 깨뜨리려고 할 때, 모든 사람은 적어도 한 가지의 특별한 약점을 갖고 있다는 것을 기억하라. 당신은 유혹이 너무 강하다는 것을 발견할지도 모른다. 그리고 절망하며 하나님의 선하심에 대해 의심하게 될지도 모른다.

이때 당신은 하나님의 무한한 용서의 속성을 상기해야 한다. 그분의 용서하심은 무한하다. 이 사실을 우리가 이해하기는 어렵다. 그러나 이 사실에 매달리면 당신은 절망에서 벗어날 것이다. 뿐만 아니라 당신의 가장 취약한 부분이 특별한 장점으로 변화될 수 있다.

5. **무엇보다도 당신이 누구인지 기억하라. 당신은 하나님의 사랑을 받는 그분의 자녀다.**

유혹하는 생각이 떠오를 때마다 다음과 같은 사실을 상기하라.

"나는 그렇게 행동할 수 있었다. 그러나 그것이 진실로 하나님께 영광을 돌리는 것일까? 그분이 나를 다루시는 방식 때문에 나는 그분에게 충성하고 사랑스러운 자이고 싶다."

하나님의 사랑을 이해하면 할수록, 당신은 더욱더 그분에게 가까이 가고 싶고 그분께 순종하고 싶어질 것이다. 당신이 그리스도 안에서 성장함에 따라 당신의 유혹 중 어떤 것들은 쉽게 사라질 것이다. 그것들은 어리석은 것들로 보이기 시작할 것이다. 유혹의 쾌락은 당신이 경험하고 있는 선한 것들과 비교할 때 하찮은 것이 될 것이다.

많은 사람들은 성경을 공부하고, 심지어 성구를 암송하는 것조차 유혹을 물리치는 데 커다란 도움이 될 수 있다는 사실을 알게 되었다. 문제들을 사라지게 만드는 것은 신비한, 인용되는 성경 말씀이 아니다. 성경 말씀은 단지 당신에게 하나님 자신의 목소리와 당신의 삶을 위한 그분의 기대를 상기시켜 줄 뿐이다. 사탄의 시험을 받을 때 예수님은 신명기로 거슬러 가서 언급했고, 거기에서 그분의 지침을 발견했다. 당신 역시 그렇게 할 수 있다—압력 하에서 성경 말씀을 이용할 수 있을 만큼 그것을 잘 아는 한에 있어서 그렇다.

성경을 읽고 거기에서 말씀하시는 바를 적용하고, 하나님과 그리스도인 친구들과 대화하며, 목사와 다른 그리스도인들이 말하는 것을 경청함으로써, 그리고 특별히 하나님이 당신을 위해 행하신 것에 대해 하나님을 경배하고 그분께 감사를 드림으로써 당신의 진실한 정체성에 대한 이해를 증진시켜라. 교회에 가고 다른 그리스도인들과 교제하는 훈련된 습관은 그리스도인의 가정에서 당신의 존재 의식을 형성하는 데 강력한 힘이 된다. 당신에게 주는 그리스도의 메시지는 이것이다. 당신은 낡은 방식으로 행동할 필요가 없다. 당신은 완전히 새로운 행동 방식을 가진 사람이다. 예수님은 당신이 새로운 존재에 따라 살도록 도울 것이다.

유혹을 이길 때마다 당신은 더욱 강해진다. 즉, 유혹에 승리할 때마다 그것은 당신을 세워 나가는 훈련이 된다. 아마 이것이 하나님이 유혹을 모두 제거하기보다는 그것을 허락하신 한 가지 이유일 것이다. 왜냐하면 유혹은 당신의 영성을 강화시키고, 인생에서 가장 중요한 것에 초점을 맞출 수 있는 기회를 제공하기 때문이다. 유혹에 빠져 있을 때, 당신은 틀림없이 하나님의 도움이 필요하다. 하나님의 도우심으로 유혹을 물리칠 때, 당신은 선택했던 방향에 대해 아무 의심도 갖지 않게 된다. 하나님의 편에서 일하는 것은 놀라운 것이다.

당신이 이 땅에서 사는 한 유혹은 항상 있을 것이다. 그리고 당신은 어떤 상황에서는 하나님의 기대를 저버리게 될 것이다. 유혹과 실패 양자를 통해서 당신은 당신 자신의 죄를 용서받기 위해, 당신의 삶을 변화시키고자 하는 열망을 위해, 또한 당신의 삶을 변화시키는 힘을 위해 하나님께 가까이 가면 갈수록 점점 더 그분을 실망시키고 싶어하지 않을 것이다. 또한 당신을 향한 그분의 계획을 분명하게 발견할 것이다.

하나님이 용서하셨다 해도 항상 **죄책감**이 있다

하나님의 관점이 당신의 관점보다 더욱 중요하다

하나님이 용서하셨다 해도 항상 죄책감이 있다

하나님의 관점이 당신의 관점보다 더욱 중요하다

개시는 하나님이 하늘에서 독수리처럼 그녀를 내려다보시면서 그녀의 죄를 일일이 세고 계신다고 가르치는 교회에서 성장했다. 자신의 걸음걸이와 다른 사람의 눈을 결코 쳐다보지 않는 습관으로 미루어 보아, 그녀는 자신이 살아 있음을 부끄러워한다는 것을 알 수 있다.

하지만 점차적으로 그녀는 예수님이 지금 그녀의 모습 그대로를 받아들이시고, 그녀를 사랑하시며, 모든 죄책감으로부터 치유해 주신다는 사실을 이해하게 되었다. 한동안 그녀는 마치 새 운동화를 신고 있는 듯한 기분으로 지냈다. 모든 것이 한층 더 밝아 보이고, 행복하고, 자유로워진 것만 같았다.

그런데 이상하게도 이 기분이 사라졌다. 그녀가 용납받고 사랑받았다는 처음의 놀라움이 시들해졌다. 하나님이 변화시켜 주시기를 기대했던 패턴들은 변화되지 않고 그대로였다. 그녀는 여전히 하나님이 좋아하시지 않는 것들을 행했다. 그녀는 다시 죄책감을 느끼기 시작했다.

죄책감을 정규적으로 주입시키던 교회에 계속 다닌다는 것은 캐시에게 전혀 도움이 되지 않았다. 그녀는 다른 사람들이 격려를 받았다는 성경 구절을 읽었지만, 모든 단어가 그녀의 실패를 빗대어 말하는 것처럼 보였다. 죄라는 단지 한 단어 때문에 일 주일 내내 죄책감에 시달렸다. 그녀는 자연히 예민해졌고, 나중에는 용서받았다는 처음의 안도감이 사라졌으며, 그녀의 기독교 신앙은 죄책감을 감소시켜 주는 것이 아니라 오히려 증대시키는 것 같았다.

어떤 비기독교인 심리학자는 그녀가 안고 있는 대부분의 문제들이 그녀의 신앙과 관계된 것이라고 결론내리면서 그런 그녀를 '치료'(cure)하고자 애썼다. 그는 죄책감 따위는 믿지 않았다. 그는 '자신에 대해 긍정적으로 느끼는 것' 만큼 사람에게 좋은 것은 없다고 생각했다. 캐시에 대해 그가 확신하고 있는 한 가지는 죄의식이 그녀를 무기력하게 만들었다는 점이다. 죄책감 때문에 그녀는 다른 사람을 섬기지 못했다. 그녀는 심지어 자신이 참로 그리스도인인지에 대해서까지 의문을 갖기 시작했다.

그녀의 죄책감에 대해 그녀와 논쟁하는 것은 어려운 일이었다. 그녀의 기독교인 친구들에게는 그녀를 괴롭히는 죄책감이 별로 중대해 보이지 않았다. 그들에게는 죄책감으로 무력해지지 않는 더 큰 문제가 있었다. 사실상 그들은 캐시와 이야기를 나눌 때 불쾌해 했다. 아마 그들도 캐시처럼 죄책감을 느껴봐야 할 것이다. 그들은 그녀가 자신의 죄책감을 내뱉을 동안 단지 듣기만 했다.

신뢰할 수 없는 양심

캐시는 극단적인 경우였지 결코 독특한 경우라고는 할 수 없다. 많은 심리학자들은 죄책감을 그들의 신경증 환자들의 주된 문제 중 하나로 기재하곤 했다. 종종 그것은 아주 종교적인 사람들을 괴롭히는 것처럼 보인다. 왜 죄사함과 죄책감의 치유를 약속하는 기독교가 때때로 그것을 더 가중시키는 것처럼 보이는가?

당신에게 죄를 지었다는 것을 말해 주는 기관은 소위 양심이라는 것이다. 양심은 당신의 삶에 문제가 있을 때 감정을 통해 당신에게 경고한다.

양심은 통증을 느끼는 몸의 체계와 아주 흡사하다. 손가락을 베이면 어김없이 피가 흐른다. 누구나 그것을 보고 응급조치가 필요하다는 것을 알 수 있다. 그러나 그것을 절박하게 느끼도록 하는 것은 베일 때 생기는 통증이다. 이것은 스케이트 보드를 타고 새로운 동작을 배우는 것처럼 당신이 하고 싶은 것을 하고 있을 때 당신을 매우 골치 아프게 할 수 있다. 당신은 상처를 치유하는 것을 미루고 싶을 것이다. 그러나 통증 때문에 그렇게 하지 못한다.

당신의 양심은 죄에 대해서 이와 동일하게 반응하도록 되어 있다. 만일 당신의 삶에 잘못된 것이 있으면, 죄책감은 당신으로 하여금 그 쓰라린 곳에 주의를 기울이게 하고 당신이 그렇게 하지 않으면 다른 모든 일을 못하게 한다. 하나님이 죄에 대해 느끼시는 동일한 방식으로 당신도 느끼도록 하는 것이 하나님의 방법이다. 그러나 한 가지 커다란 문제는 당신의 양심은 신뢰할 수 없다는 사실이다. 때로 양심은 죄에 대한 부정확하고 부적절한 메시지를 보낸다.

대조적으로 당신의 통증을 느끼는 체계는 꽤 믿을 만하다. 만일 당신이 신체적 고통을 느낀다면 거의 틀림없이 거기에는 상처가 있다. 그러나 가상의 고통도 정말로 존재한다. 절단 수술을 받은 사람은 더 이상 있지도 않은 '환각의 손발' (phantom limb)로 인해 대단한 고통을 느낀다.

이런 가상의 문제들은 종종 당신의 양심과 관련되어 더 많이 나타난다. 어떤 사람은 혼전 성관계에 대해 죄책감을 느끼는 반면에, 다른 사람은 그렇지 않다. 어떤 사람은 편의점에서 훔쳤기 때문에 죄책감을 느끼는 반면에, 그렇지 않은 사람도 있다. 어떤 사람은 댄스 파티에 가는 것에 대해 죄책감을 느끼고, 다른 사람은 그런 생각조차 하지 않는다. 이에 대한 설명은 간단하다. 하나님은 당신의 고통을 느끼는 체계를 만드셨다. 그러나 당신의 양심은 대부분 인간이 만든 것이다. 우리는 양심이 하나님의 음성이라고 생각하려는 경향이 있지만, 그것은 사실 수많은 해를 거듭하면서 형성된, 그리고 우리의 경험에 의한 부모와 사회의 음성이다. 만일 당신이 빈약하게 양육되었거나 수년 동안 양심의 경고를 흘려 버렸다면, 당신의 양심은 아마 신빙성과는 거리가 멀 것이다.

달리 말하면 실제의 죄의식은 죄책감과 같지 않다. 캐시 같은 사람들은 거의 거짓의, 실제가 아닌 죄책감에 사로잡혀 있는 것이다. 그들은 과민한 양심을 지니고 있는데, 그 양심은 성경에 나온 하나님의 가르침의 실제라고 말할 수 없는 것이다. 혹자는 캐시에게 "이것은 진짜 죄책감인가요? 아니면 가짜인가요?"라고 물을 필요가 있다. 종종 부정적인 자아 형상을 지닌 사람들은 그들 자신을 학대하기 위해 거짓된 혹은 가상의 죄책감을 이용한다.

죄책감의 진위를 구별하기

거짓된 죄책감의 신호는 그것을 명확히 정의내릴 수가 없다는 것이다. 거짓된 죄책감은 종종 지속적인 공상과 감정과 유혹에 반응할 때 생긴다. 그것은 변화될 수 있는 특수한 행위에서 비롯되는 것은 거의 아니다. 만일 그렇다면 그 행위는 자위 행위나 춤, 또는 과거에 장기간 동안 행해진 어떤 것처럼 자주 도덕인 논란에 붙여질 것이다. 나는 상습적으로 죄를 짓는 사람들은 성경에서 명백히 정죄하고 있는 것들에 대해 좀처럼 번민하지 않는다는 사실에 주목해 왔다. 그들은 불분명한 상황에 대해 근심한다.

이러한 사실로 인해 나는 거짓된 죄책감은 종종 하나님의 놀라운 죄사함과 하나님이 변화시키기를 원하시는 실제 문제들로부터 우리의 주의를 다른 데로 돌리기 위해 사탄이 주는 시험이라고 생각하게 되었다. 거짓된 죄책감은 그것이 무엇인지 정확하게 직시할 필요가 있다.

만일 당신이 거짓된 죄책감을 경험한다면 그것을 용서해 달라고 하나님께 기도하지 말라(백번째라 해도). 대신에 자기 혐오감을 떨쳐 버리고 활력 있게 살아갈 수 있도록 그분께 도움을 구하라.

사실 이것은 요한일서 3장 18-20절에서 제시한 것이다. "자녀들아 우리가 말과 혀로만 사랑하지 말고 오직 행함과 진실함으로 하자 이로써 우리가 진리에 속한 줄을 알고 또 우리 마음을 주 앞에서 굳세게 하리로다. 우리 마음이 혹 우리를 책망할 일이 있거든 하물며 우리 마음보다 크시고 모든 것을 아시는 하나님일까 보냐"(TEV).

죄책감으로 인해 무기력한 삶을 살기보다 오히려 적극적인 사랑을 통해 하나님께 순종하며 살아야 한다. 이것이 우리에게 하나님의 진실한 사랑을 가장 잘 보증해 주는 것이다.

당신이 거짓된 죄책감에 맞서고 옳고, 그름에 대한 성경적 기준에 철저히 의거한다면, 시간이 걸리겠지만 양심을 사실에 일치시킬 수 있다. 불량한 양심은 인간이 만든 것이다 – 선량한 양심도 마찬가지다. 만일 당신이 하나님의 기준을 강화하고 당신의 '거짓된 죄책감'은 옳지 않다고 도전을 주는 사람들과 함께 지내면, 당신 또한 점차적으로 그들처럼 생각하기 시작할 것이다.

기본적으로 선량하고 정확한 양심은 지름길이라 말할 수 있다. 그것은 당신의 행위를 깊이 생각하지 않고도 당신이 무엇을 해야 할지 알도록 도와준다. 어떤 의미에서 양심은 자동적인 조종사라고 할 수 있다. 양심은 매일 직면하는 수백번의 선택들을 처음부터 끝까지 깊이 생각하지 않고도 당신을 인도한다. 백화점에서 고른 셔츠를 살 것인지에 대해 생각할 필요가 없다. 정시에 귀가하라는 아버지 말씀을 받아들일 것인지에 대해 심사숙고할 필요가 없다. 시험을 치를 때 커닝을 할 것인가에 대해서도 마찬가지다. 양심은 그런 고민을 덜어 준다. 양심은 보다 어려운 선택에 집중하도록 해준다.

그러나 양심은 결코 잘못이 없는 인도자는 아니다. 그것은 하나님의 음성이 아니다. 그것은 하나님이 당신 두뇌에 만들어 놓은 정서적 반응이다. 만일 당신이 양심을 적절하게 맞추어 놓으면, 그것은 당신으로 하여금 옳은 일을 하도록 독촉하는 도움이 되는 기관이다. 그러나 조절해 놓지 않으면, 그것은 당신을 무력하게 하거나 당신의 시선을 하나님 보시기에 진실로 중요한 것에서 딴 데로 돌리도록 미혹할 수 있다.

당신이 실제로 죄를 지었을 때

지금까지 우리는 내가 거짓된 죄책감이라 부른 것에 대해 살펴보았다. 그러나 당신의 죄가 사실이라면 어떻게 할 것인가?

세 가지 반응이 가능하리라 생각한다.

하나는, 자신을 학대하는 것이다. "나는 무서운 사람임에 틀림없어. 오, 나는 얼마나 죄를 지었던고. 나 때문에 하나님은 얼마나 아프실까?" 이런 사람은 손가락을 베었을 때 길거리에 주저앉아 아프다고 소리만 지르는 사람과 같다. 이것은 어린아이나 할 행동이지 성인이라면 그래서는 안된다. 이것은 고통에 대한-혹은 죄책감에 대한-반응에서 결코 바람직한 방법이 아니다.

또 하나는, 죄책감이 존재한다는 사실 그 자체를 부인하는 반응이나. "죄책감은 신경계의 자극에 불과해. 그것 때문에 많은 훌륭한 사람들이 무력해지고 우울해져서 삶을 즐기지 못하고 있어. 하나님은 내가 행복감을 느끼기 원하셔. 나 자신은 절대 죄책감을 느끼지 않도록 할거야." 이런 사람들은 고통을 전적으로 무시하려고 작정한 사람들과 같다. "고통을 느낀다는 것은 연약하다는 의미야. 연약한 사람만이 고통을 느끼지. 나는 강해. 고통을 느끼기에는 내가 너무 강하거든." 고통을 무시하는 만만한 행동은 사람을 완전히 무감각하게 만들어 버려서, 결국 그는 죄의식을 느끼든 그렇지 않든 간에 자신에게 훨씬 더 많은 실제적인 죄를 짓게 된다. '자신에 대해 좋게만 느끼는 것'이 사람에게 주어진 유일한 본분이라고 생각하는 현 세대에서는 수많은 실제의 죄책감이 부인되고 있다.

세번째 반응은, 자신이 무엇 때문에 죄책감을 느끼는지 그 원인을 발견해서 그것을 단절하려고 노력하는 것이다. 유추해 보면, 이것은 당신 발에 콕 찌르는 아픔을 느낄 때 신발을 벗어서 그 원인을 찾아내려고 하는 것과 같다. 이것이 고통을 다루는 올바른 방법이다. 사실, 고통의 전적인 요점은 사람의 주의를 유발하는 것이다. 마찬가지로 죄책감은 당신으로 하여금 그 감정의 출처를 발견하게 해준다.

대학 2학년 때 나는 내 인생에서 최악의 우울증을 겪었다. 그야말로 캄캄한 나날을 며칠 보낸 뒤, 나는 하나님께 도와달라고 되풀이해서 기도했다. 그러나 아무 응답이 없자 나는 뭔가 잘못했을지도 모른다는 생각이 떠올랐다. 내 생애에 큰 잘못을 저지른 적이 있었나?

한 가지가 생각났다. 나는 인근 교회의 어느 목사님께 불만을 품고 있었다. 불만을 품을 만한 뚜렷한 명분이 없었는데도 말이다. 단지 그 목사의 스타일이 마음에 들지 않았을 뿐이었다.

나는 목사님에 대해 불만을 품은 것과 내가 우울증에 빠진 것 사이의 연관성을 확실히 발견하지 못했다. 그러나 나는 그것에 대해 뭔가 조처를 취하기로 마음먹었다. 그 주에 나는 고통스럽지만 그 목사님이 지도하고 있는 성경공부반에 들어갔다. 나는 내가 원하든 원치 않든 계속 나가고, 또한 그분을 사랑하는 것을 배우기로 작정했다. 그리고 나서 나의 우울증은 조금씩 사라졌다. 몇 주가 지남에 따라 나는 성경공부를 통해 많은 통찰력을 얻었다. 적어도 내 우울증은 부분적으로 죄에 의해서 야기되었다는 것을 알았다. 그 죄는 불만을 품고, 다른 그리스도인으로부터 스스로를 고립시킨 죄다.

나는 누구든지 자기 성찰을 시작하라고 말하는 것이 아니다. 그것은 건전한 것이 못된다. 우리가 애써 찾으려 한다면 얼마든지 죄를 찾을 수 있다. 심지어 우리 중 어떤 사람은 있지도 않은 죄를 만들어 내기도 한다. 그러나 그렇게 하지는 말라. 단지 이렇게 질문해 보라. 하나님은 내가 무시해 왔던 것을 하기를 원하시는가? 그것은 분명히 하나님이 나를 위해 원하시는 것이고 다른 그리스도인들이 동의하는 것인가? 만일 그렇다면 그렇게 행하라. 죄사함을 놓고 너무 오랫동안 눈물을 짜며 기도하지 말라. 단지 당신의 행위를 바꿔라.

상처의 치유

그러나 당신은 치유받을 필요가 있다. 당신이 넘어져서 상처를 입었을 때, 더 이상 부주의하게 달리지 않겠다고 결심해도 약을 발라야 할 무릎의 상처는 그대로 있다. 죄 또한 약이 필요하다. 하나님의 용서와 돌보심이라는 약이 필요하다. 여기에서도 요한일서의 말씀은 도움이 된다. "만일 우리가 우리 죄를 자백하면 저는 미쁘시고 의로우사 우리 죄를 사하시며 모든 불의에서 우리를 깨끗케 하실 것이요"(요일 1:9). 이 말씀을 뭔가 대단하고 자기 분석적인 논쟁으로 만들지는 말자. 그것은 쓰여 있는 그대로 단순한 것이다. 단지 요구되는 바는 당신의 고백이 진실해야 한다는 것이다. "하나님, 제가 잘못했고 당신이 옳다는 것을 깨달았습니다. 저는 죄로 인해 더럽혀졌습니다. 슬픕니다. 저를 용서해 주시고 다시 올바른 궤도로 저를 인도해 주시겠습니까?" 필요한 것은 **이것**뿐이다. 요한일서는 그렇게 고백하면 하나님이 **모든** 죄에서 당신을 깨끗케 해주신다는 사실을 분명히 밝히고 있다. 하나님은 당신을 80퍼센트만 깨끗케 하신다거나 오랜 시일에 걸쳐 깨끗케 해주시는 것이 아니다. 바로 그 자리에서 즉시 당신을 깨끗케 해주신다.

나는 대부분의 종교적인 사람들이 죄를 다루는 방식과 성경이 다루는 방식 사이에서 재미있는 차이점을 발견했다. 우리는 죄의 모든 색조에 사로잡혀 있다. 설교자들은 때때로 우리에게 마음 속에 있는 그것을 찾으라고 재촉한다. 우리는 죄를 찾고, 그것을 고백하고, 그런 후 계속해서 죄를 더 찾아야 했다. 어떤 불쌍한 심령들은 많은 죄로 괴로워한다. 다른 운 좋은 사람들은 거의 죄책감을 느끼지 않는다. 만일 전자의 사람이 후자의 사람처럼 될 수 있다면, 좋은 소식이라고 우리는 말한다. 그들은 그렇게 할 수 있다. 만일 그들이 충분히 오랫동안 그렇게 행한다면, 하나님이 자신들을 사랑한다는 사실에 긍정적인 자아상과 깊은 정서적 안정감을 만들 수 있다. 물론 그들은 죄책감을 보다 적게 느끼는 더 선한 사람이 될 수 있다.

성경은 다르게, 즉 좀더 크게 그림을 그리고 있다. 거기에서 당신은 얼마나 향상되었는지 알아보기 위해 죄를 세어 볼 필요가 없다는 사실을 발견하게 될 것이다. 그것은 간단명료하다. 모든 사람이 죄를 범했으매 하나님이 원하시는 사람이 되지 못했다. 그런데 죄 사함은 갑자기 찾아온다. 즉, 100퍼센트 죄인이 갑자기 100퍼센트 죄가 없게 된다. 온전하고 전적인 죄 사함은 원하는 누구에게나 값없이 주어진다.

나는 이 빛나는 대형 그림을 우리 마음 속에 새겨 두는 것이 중요하다고 생각한다. 소형 그림은 우리의 느리고 개인적인 진보를 나타낸다. 대형 그림은 하나님이 그의 아들 예수 그리스도 안에서 우리에게 모든 것을 주시는 비약적인 진보이다. 캐시 같은 사람은 이것이 효력을 발휘할 때까지 계속해서 들을 필요가 있다.

이 메시지를 가장 잘 담고 있는 옛날 이야기가 있다. 그것은 오랫동안 어떤 죄악된 패턴에 말려들었던 한 사람에 대한 이야기다. 그는 다시는 결코 죄를 짓지 않겠다고 약속했어도 번번이 실패해서 하나님께 그 비참한 죄를 고백했다. 그리고 지금도 똑같은 죄를 고백하면서 다시 하나님께 나아온다. "주님, 저는 수치심으로 죽을 것 같습니다. 또다시 저는 이 일을 저질러 버리고 말았습니다. 저의 죄를 고백합니다. 다시는 결코 그런 죄를 짓지 않을 것을 약속드립니다. 저의 죄를 용서해 주시겠습니까?" 그러자 하늘에서 음성이 들렸다. "나는 너를 용서한다. 그것은 모두 잊혀진 바 되었다. 너는 깨끗케 되었으니 다시 시작해라."

그래서 그 사람은 엄청난 자유를 느낀다. 이제 더 이상 무엇을 구하겠는가? 한나절 동안 그는 결코 다시는 동일한 죄에 빠지지 않으리라는 확신에 기뻐한다. 그러나 그날 밤 그에게 유혹이 찾아오자 그는 실족한다.

그는 이제 기도할 힘조차 없다. 하나님께 그런 죄를 다시는 짓지 않겠다고 열렬하게 약속한 것이 바로 오늘 아침이 아니었던가? 그는 그것을 무시하기로 결심했다. 아마 하나님도 주의하지 않으실 것이라고 자위했다. 그러나 죄책감이 생겨서 마침내 그는 하나님께 기도하기 시작했다.

"하나님, 저는 어찌해야 할지 모르겠습니다. 또 죄를 짓고 말았습니다."

"무슨 죄를 지었다고?"

"그 죄 말입니다. 바로 오늘 아침 말씀드렸던 그것 말예요."

"나는 아무 죄도 기억하고 있지 않단다."

아무리 기도해도 응답받지 못하는 경우가 있다

응답받는 기도가 더 많으므로 마음을 지키라

아무리 기도해도 응답받지 못하는 경우가 있다

응답받는 기도가 더 많으므로 마음을 지켜라

　나는 기도가 하나님과 나 사이의 자연스럽고 자발적인 대화여야 한다고 항상 들어 왔다. 그러나 경험상으로는 자주 기도가 좌절만을 안겨 주었는데, 그 주요 원인은 내 기도의 많은 부분이 응답받지 못했기 때문이다.

　이것은 나만의 문제가 아니다. 사실 대학교의 문학 수업 시간에 필수적으로 읽어야 하는 소설에서 기도는 아름답게 표현되고 있다. 서머셋 모옴(Somerset Maugham)의 「인간의 굴레」(*Of Human Bondage*)는 거의 자서전적인 소설이다. 이 책에는 모옴에게 실제적으로 일어났던 사건— 이 사건으로 그의 신앙은 다시 회복되지 않았다—을 허구적으로 재구성한 사건도 있었다.

　주인공 필립은 마가복음에 기록된 "무엇이든지 내 이름으로 믿고 구하면 얻으리라"는 구절을 읽자마자 즉시 그의 기형적인 발을 생각했다.

　그는 축구를 할 수 있기를 원했다. 다른 소년들보다 빨리 달리는 그의 모습을 상상했을 때 그의 가슴은 요동쳤다. 부활절 기간의 마지막 날에는 운동 경기가 있었다. 그는 육상 경기에 참가하고 싶었다. 장애물을 뛰어넘는 자신의 모습을 상상해 보았다. 다른 소년들처럼 되는 것은 근사한 일일 것이다. 그가 불구라는 사실을 모르는 새로 이사온 소년들이 그를 호기심 어린 눈으로 바라보는 일도 없고, 여름에 목욕탕에서 물 속에 들어가기 전 옷을 벗고 있는 동안 경계할 필요가 없다면 정말로 근사할 것이다.

  그는 전심 전력으로 기도했다. 그는 전혀 의심하지 않았다. 그는 하나님의 말씀을 확신했다. 그리고 학교로 돌아가기 전날 밤, 그는 흥분으로 설레는 가슴을 안고 잠자리에 들었다. 그날 밤에는 눈이 내렸다. 그러나 필립의 방은 너무 추워서 손가락이 마비되고, 그의 벨트를 느슨하게 하는 데도 많은 어려움을 겪었다. 그의 이도 달그락거렸다. 그는 하나님의 주의를 끌기 위해 뭔가 유별난 것을 해야 한다는 생각이 떠올랐다. 그는 맨바닥에서 무릎을 꿇고 기도하기 위해 침대 앞에 있는 깔개로 돌아갔다. 또한 그의 부드러운 잠옷도 창조주가 싫어하실 것이라는 생각에 그것마저 벗고 기도했다. 그가 잠자리에 들었을 때는 너무 추운 나머지 한동안 잠이 오지 않았다. 그러나 일단 잠이 들자 너무 푹 잤기 때문에 다음날 아침 매리 앤이 뜨거운 물을 가져왔을 때는 그를 흔들어 깨워야 했다. 그녀가 커튼을 걷으면서 말을 건넸다. 그러나 그는 대답하지 않았다. 오늘 아침은 기적의 아침일 것이라고 즉시 기억했기 때문이다. 그의 마음은 기쁨과 감사로 충만했다. 그는 맨 먼저 손을 내려 자신의 발이 이제 온전하게 되었다는 것을 느끼고 싶었다. 그러나 그렇게 하는 것은 하나님의 선하심을 의심하는 것만 같았다. 그는 자신의 발이 고쳐졌으리라 믿었다. 그러나 마침내 마음을 굳게 먹고는 오른쪽 발가락을 왼발에 대었다. 그리고 나서 발가락으로

쓸어 보았다.

　매리 앤이 식사 기도를 위해 식당으로 들어가자마자 그도 절뚝거리며 아래층으로 내려갔다. 그리고는 아침 식사를 하기 위해 자리에 앉았다.
　"오늘 아침은 무척 조용하구나, 필립." 루이사 아줌마가 이내 말했다.

　내가 알고 있는 거의 모든 사람이 이와 비슷한 경험을 했다. 기도했음에도 불구하고 가장 절친한 친구가 죽는다든지, 친구들과 상관들이 어떤 결정을 내릴 때 당신의 견해를 생각해 보려 하지 않는다든지, 혹은 당신이 여전히 하찮은 죄로 괴로워한다든지 하는 경험 말이다.
　비행기 추락 사고에서 살아 남은 한 생존자는 그의 기도가 어떻게 응답을 받았는지에 대해 글을 쓰겠지만, 살아 남지 못한 사람에 대해서는 뭐라고 쓸 것인가? 나는 성경에서 기도에 대한 특별한 약속을 읽고서는 서시서 가르치는 대로 따르고자 애썼다. 나는 쑤시고 아픈 목이 낫기를 원했고, 혹은 잃어버린 중요한 서류를 찾기를 원했다. 그러나 아무런 응답도 받지 못했다. 그래서 나는 정말로 내 기도를 들으시는 분이 계신 것인지를 무척 의아해 했다. 기도를 응답받지 못했던 이 체험이 십 대 때 나의 신앙을 한동안 침체시키는 데 한몫을 했다는 것을 나는 인정해야겠다.
　응답받지 못한 기도와 관련해서 가장 주요한 문제점은 예수님이 응답받지 못할 기도가 없을 것이라고 약속하시는 것처럼 보인다는 사실이다. 그분은 이처럼 말씀하시는 것 같다. "신사 숙녀 여러분, 나는 여러분에게 기도에 대한 개념을 소개하고자 합니다. 물론 여러분은, 인간은 하나님처럼 완벽한 지혜를 소유할 수 없다는 것을 아십니다. 따라서 여러분의 기도는 응답받기에 한계가 있습니다. 기도는 건의함처럼 정확하게 운영될 것입니다. 당신의 요구를 명확하게 쓰십시오. 그러면 모든 요구들이 주의 깊게 고려될 것임을 보증할 수 있습니다." 기도에 대한 다음과 같은 종류의 진술이면 살아가는 데 별 문제가 없을 것이다.

"…내가 진실로 너희에게 이르노니 만일 너희가 믿음이 있고 의심치 아니하면 …이 산더러 들려 바다에 던지우라 하여도 될 것이요 너희가 기도할 때에 무엇이든지 믿고 구하는 것은 다 받으리라…"(마 21:21, 22).

"진실로 다시 너희에게 이르노니 너희 중에 두 사람이 땅에서 합심하여 무엇이든지 구하면 하늘에 계신 내 아버지께서 저희를 위하여 이루게 하시리라"(마 18:19).

"내 이름으로 무엇이든지 내게 구하면 내가 시행하리라"(요 14:14).

이것들은 신약에 있는 강도 깊은 말씀들 중 단지 일부분일 뿐이다. 요한복음 16장 23-27절과 마가복음 11장 24절 같은 다른 구절들도 얼마든지 있다. 만약 관심이 있다면 이 말씀들을 찾아 보라. 이 말씀들을 보면 "예수님이 기도가 응답될 것이라고 진실로 약속하지 않으셨다."고 말하는 것은 이 까다로운 문제를 제대로 파악하지 못하고 있다는 증거임을 알 수 있다. 이런 모든 주장들은 함부로 되어진 것이다. 성경은 이러한 논점에 대해 불분명하지 않다.

보다 면밀한 탐구

그러면 응답받지 못한 기도에 대한 해결책은 무엇인가? 나는 그 약속들을 담고 있는 각각의 주요 구절들을 연구함으로써 그 문제를 이해하는 데 도움이 되는 몇 가지 사실들을 알게 되었다. 전체적인 주제는 여전히 신비적이고 약간 혼란스럽기조차 하다. 그러나 응답받지 못한 기도로 인한 비통함은 그리스도인의 삶에 있어 기도의 역할을 이해하게 됨에 따라 감소되었다. 여기 세 가지 핵심 요소가 있다.

1. **예수님의 말씀들은 액면 그대로 받아들이면 불가능하다. 따라서 우리는 그 이면에 있는 보다 깊은 의미를 찾아야 한다.**

왜 그것들은 불가능한가? 그것은 사람들이 상반되는 요구를 간구하게 되고, 그래서 하나님은 양쪽 다 응답해 줄 수 없기 때문이다. 미국 남북전쟁 시 아브라함 링컨(Abraham Lincoln), 스톤월 잭슨(Stonewall Jackson), 로버트 리(Robert E. Lee) 같은 경건한 사람들은 모두 열심히 그리고 빈번히 승리를 위해 기도했다. 그러나 남과 북이 모두 승리할 수는 없지 않은가.

만일 오랄로버트대학교(Oral Roberts University)와 휘튼대학(Wheaton College)이 농구 시합을 한다면, 두 팀 다 승리를 위해 기도할 것이다. 그러나 나는 한 팀은 원하는 응답을 받지 못할 것이라고 장담할 수 있다.

훨씬 더 설득력 있는 설명이 있다. 예수님은 겟세마네 동산에서 기도한 것을 응답받지 못하셨다. 그분은 하나님께 하나님의 뜻이라면 제발 다른 방법을 찾아 그의 고통을 덜어 달라고 간구하셨다(막 14:32-42). 종종 기본적인 사실이 기도에 대한 기독교의 가르침에서는 배제된다. 삶의 모든 분야에서 우리의 모범이 되시고 우리에게 기도하는 법을 가르쳐 주신

완전한 신앙을 지닌 완전한 사람이신 예수님도 그분의 아버지 하나님께 고통을 덜어 달라고 기도했지만 죽임을 당했다. 우리가 아무리 믿음으로 충만해도 어떤 기도들은 거절당한다는 것은 명백한 사실이다.

바울도 그가 '육체의 가시'라 불렀던 신체적 병에서 비롯된 비슷한 문제를 가지고 있었다(고후 12:7-9 참조). 고통을 제거해 달라는 세 번의 간구에도 불구하고 바울의 간구는 거절되었다. 따라서 나는 예수님이 말씀하신 것은 항상 모든 기도에 적용될 수 없다는 결론에 이르렀다.

2. 예수님께서 말씀하신 기도에 대한 강한 말씀들은 각각 특별한 무리 끝 제자들을 향하여 하신 것이다.

지상에서의 공생애 기간 동안 예수님은 그의 죽음 이후 자신의 사역을 감당할 열두 제자를 선택하셨다. 이들은 하나님께 특별한 사명을 받은 특별한 사람들이었다(그들은 선택되었기 때문에 교회는 어떤 기록들을 신약성경에 포함시켜야 할지를 결정할 때 거의 자동적으로 제자들에 의해 쓰여진 것들을 포함시켰다).

예수님은 기도에 있어 그의 제자들에게 어떤 권리와 특권을 다른 그리스도인들과는 정도가 다르게 주셨다고 할 수 있는가? 결국, 우리 중 누가 베드로의 기적이나 요한의 영감 받은 기록을 재현할 수 있겠는가?

복음서 기자들은 "이 명령들은 오로지 제자들에게만 적용되는 것이다"라고 명백히 말하고 있지 않지만, 그들은 각각의 경우에서 예수님은 군중이 아니라 열두 제자에게 말씀하고 계셨다고 우리에게 말하고 있다.

솔직히 나는 이 점을 어느 정도까지 이해해야 할지 모르겠다. 그러나 아마도 그것은 예수님의 약속의 전반적인 본질을 설명하는 데 도움이 될 수 있다. **어쩌면** 그분은 제자들에게 담대함과 하나님의 뜻을 통찰하는 특별한 은사를 주셨을 것이다. 제자들은 3년 동안 예수님께 직접 가르침을 받은 성숙한 사람들이었다. 그들은 어느 기도가 세상에 대한 하나님의 목적에 더 가까우며, 어느 기도가 일시적인 기도("우리 팀이 이기게 도와주소서"와 같은 부류의 기도)인지를 잘 알고 있었을 가망성이 있다.

흥미롭게도 요한일서 5장 14, 15절과 같은 구절에서 요한은 군중에게 "만일 우리가 그의 뜻대로 무엇을 구하면 그가 들으심이라"고 조심스럽게 말하고 있다. '그의 뜻대로'란 구절은 핵심적 조건이라고 나는 믿는다.

예수님은 아버지께 초점을 맞추었다

3. 기도에 대해 포괄적인 주장을 했던 분은 다름아닌 예수님이기 때문에 나는 그분이 드렸던 기도의 종류를 주의 깊게 살펴보았다.

하나의 경향에 나는 놀랐다. 나는 이제껏 기도는 나, 즉 기도하는 사람에게 초점이 맞추어지고 기도하는 사람에 의해 결정되는 것으로 생각해 왔다. 그러나 예수님의 기도는 초점이 기도를 받는 분, 즉 아버지께 맞추어져야 한다는 것을 보여 주고 있다. 예수님은 하나님과 교통하시고, 하나님의 뜻 안에서 자신을 새롭게 하시고, 능력을 간구하는 시간으로서 기도를 사용하셨다. 그는 또한 세상에 대해 하나님께 감사하고 도움이 필요한 그분의 친구들을 알리기 위해 기도하셨다. 그것은 쇼핑 목록이 아니고 대화였다.

찰리 쉐드(Charlie Shedd)는 기도를 '가장 절친한 친구와의 내면적 대화'라 일컬었다. 그런데 나는 기도란 내가 원하는 것을 하나님께서 하시도록 휘두를 수 있는 마법의 지팡이라고 생각했다. 그러나 나는 기도를 관리하는 사람이 아니다. 그분은 하나님이시다.

많은 사람들이 내가 한때 그랬던 것처럼 잘못된 견해를 갖고 있다. 예를 들어, 응답받지 못한 기도로 인해 괴로워하던 마크 트웨인(Mark Twain)은 그 딜레마를 「허클베리 핀의 모험」(*Huckleberry Finn*)에서 표현하고 있다. 허크는 왓슨 양으로부터 기도에 관한 교훈을 배웠다.

그녀는 나에게 매일 기도하라고 말했다. 그러면 내가 구하는 것은 무엇이든지 얻을 수 있다고 했다. 그러나 그것은 사실이 아니었다. 나는 기도하려고 애썼다. 한번은 내게 낚싯줄은 있었지만 바늘이 없었다. 바늘이 없으면 내겐 아무 소용이 없기에 그것을 달라고 서너 번 기도했다. 그러나 나는 응답받지 못했다. 얼마 지나지 않은 어느 날 나는 왓슨 양에게 나를 위해 기도해 달라고 부탁했다. 그러나 그녀는 내가 바보라고 말했다. 그 이유는 결코 말하지 않았다. 나는 그것을 전혀 이해할 수 없었다.

한번은 숲 속에 앉아서 그것에 대해 오랫동안 생각했다. 나는 혼자 중얼거렸다. '만일 사람이 기도한 것은 무엇이든지 얻을 수 있다면 왜 윈 집사는 돼지 때문에 손해본 돈을 돌려받지 못하는 것인가? 왜 그 미망인은 도둑맞았던 은제 담뱃갑을 돌려받지 못할까? 왜 왓슨 양은 살이 찌지 않는 걸까? 아냐. 그건 거짓말이야.'

확실히 허크는 그의 삶의 주인이 되시는 하나님이 아닌, 자기의 명령에 따라 소원을 들어주는 아라비안 나이트에 나오는 호리병 속의 수호신을 원했다. 그에게 믿음은 그가 원하는 것을 얻게 하는 정신적 도구였다. 그러나 믿음은 하나님 안에 있어야 한다. 즉, 믿음은 그분의 사랑을 신뢰하고, 또한 지혜롭게 응답받고자 하는 의지다.

간구의 여러 가지 형태

기도에 대해 고찰하면서 성경을 읽어 나갔을 때, 나는 간구가 기도의 작은 부분에 불과하다는 사실에 주목하지 않을 수 없었다. 어떤 기도는 경배이고, 어떤 것은 회개이며, 어떤 것은 찬양이다. 예를 들어, 시편은 시로 표현된 일련의 기도들이다. 시편을 죽 읽어 보라. 그러면 그것들 중 소수만이 본질적으로 간구하는 기도임을 알 것이다. 기도는 적절한 상품을 뽑을 수 있는 자동 판매기가 아니다. 그것은 사랑하는 아버지께 우리를 도와달라는 외침이다.

기도의 동기는 '내가 무엇을 얻을 수 있을까?' 가 되어서는 안된다. 그것은 "하나님, 이것은 당신의 뜻임을 믿습니다. 그러나 그것은 저의 능력 밖에 있습니다. 저를 도와주세요"라는 것이어야 한다. 주기도문에서 예수님은 그것을 "나라이 임하옵시며 당신의 뜻이 이루어지이다"라고 표현했다.

성경은 하나님께서 우리의 기도를, 심지어 우리가 원하는 대로 응답되지 않은 기도도 들으신다는 것을 분명히 하고 있다. 그분은 가장 터무니없고 이기적인 간구도 주의깊게 고려하신다. 자녀들이 현명한 부모에게 "잠을 안 자고 심야 쇼를 봐도 될까요?" 혹은 "내가 비록 열두 살이지만 운전하도록 허락해 주시겠어요?"라고 어리석은 요구를 할 때는 항상 그들의 뜻대로 되지 않는다. 대개 부모들은 자녀들에게 무엇이 좋은지를 더 잘 알고 있다.

나는 성경에 예시되어 있는 간구 기도를 연구하면서 그 스타일조차 크게 다르다는 것을 알았다. 여기에는 적어도 세 가지 유형이 있다.

1. 예수님이 십자가에 못 박히시기 전 겟세마네 동산에서 드렸던 기도처럼 하나님의 뜻에 겸손히 순종하는 기도

이런 기도는 "주께서 원하는 것을 내가 정직하게 행하기를 원합니다"라고 실질적으로 말하는 것이기 때문에 하나님에 대한 깊은 신뢰를 나타내는 것이라 할 수 있다. 예수님의 경우, 그것은 죽기까지 순종하겠다는 것을 의미했다. 이런 기도는 보통 '당신의 뜻이라면' 이라는 단서가 붙는다. 사실 어떤 그리스도인들은 모든 기도를 이런 태도로 하는 것이 마땅하다고 믿고 있다.

2. 하나님이 자신들을 영예롭게 할 것이라고 진실로 믿는 사람들이 단순한 믿음으로 하는 범상치 않은 기도

종종 초신자들은 기적적인 병 고침, 어마어마한 액수의 돈, 초자연적인 인도하심과 같은 것들을 간구한다. 그리고 신앙생활을 보다 오래 한 그리스도인들은 극단적인 신앙의 유형은 비극으로 끝날 수 있다는 견해를 취한다. 때때로 신문에 자기의 자녀가 백혈병이나 다른 중병에 걸렸는데도 치료하기를 거부하다가 죽게 한 종교적인 부모의 이야기가 실린다(서머셋 모옴을 기억하라. 그는 기적의 신앙을 걸었다가 신앙을 잃었다). 그러나 만일 당신이 성경을 연구한다면 담대하고 어린이 같은 믿음에 대해 쓰여 있는 부분을 발견할 것이다. 예수님은 백부장에게 그런 믿음이 있음을

보고 그 믿음을 칭찬하셨다(눅 7장). 기도에 대한 예수님의 많은 비유를 보면 담대한 간구를 하라고 격려하고 있음을 알 수 있다.

이런 대담한 기도들은 나를 혼란스럽게 한다. 왜 어떤 사람들의 기도는 일정하게 응답을 받는 반면에, 나의 기도는 침만 튀기는가? 나는 신앙생활의 다양한 시기에 기도를 영적인 운동으로 생각해 왔다. 나는 믿음을 팔굽혀펴기와 유사한 것으로 여겼다. 만일 당신이 날마다 열심히 팔굽혀펴기를 한다면 팔의 근육은 더욱 굳세질 것이며 당신이 원하는 것을 할 수 있는 힘을 갖게 될 것이다.

그러나 기도는 확실히 이와 같지는 않다. 믿음은 요가의 명상처럼 열심히 집중함으로써 분발시킬 수 있는 것이 아니다. 나는 이것을 안다. 왜냐하면 내가 보았던 가장 극적인 기도 응답 중 몇 가지는 하나님이 자신들을 위해 기적을 행하실 것이라고 진실로 믿을 만큼 '충분히 무지하고 순진한' 새로 입교한 그리스도인들에게서 일어났기 때문이다.

3. 사람들이 하나님의 뜻이라고 거의 확신하는 것을 위해 하는 원대한 간구들

예수와 그를 따르는 제자들은 언제나 하나님과 교제하고 있어서 신체적 치유가 하나님의 뜻인 줄 알았기 때문에 온전한 확신으로 그것을 위해 기도할 수 있었다. 이러한 확신을 가지고 기도하기 위해서는 우리도 그들처럼 우리가 원하는 응답이 하나님의 뜻에 온전히 부합된다고 믿을 만한 정당한 이유가 있어야 한다. 비록 나의 간구 기도 중 대부분은 첫번째 범주로 구분되지만, 나는 이 마지막 범주가 성숙한 그리스도인들의 목표라고 생각한다.

아마도 그것은 하나님의 뜻이 복잡해서 이해하기 어렵기 때문이다. 하나님은 우리 개인뿐만 아니라 온 우주에 대해서도 관심을 갖고 계신다. 우리는 우리의 기도들이 어떤 범주에 속하는가를 고려하지 않고서는 성경 구절을 통해 하나님이 어떤 기도에도 응답하실 것이라는 환불 보증서처럼 읽을 수가 없다. 찰리 쉐드는 그것을 이렇게 표현한다. "우리의 위대하고 놀라운 사랑의 하나님은 우리가 전혀 모르는 응답을 가지고 계신다. 이것은 믿음의 문제다. 우리는 하나님이 다음과 같이 말씀하실 때 이것을 의미하신다고 믿는다. '우리의 생명은 영원하다. 네가 여기에서 본 것은 융단의 아랫면에 불과하다. 그것은 완성된 면만큼 그리 아름답지 않다. 너는 어떤 환경에서도 내가 무엇이 최선인 줄 알고 있음을 믿어야 한다.' 그럴 때 지금부터 천 년이 지난 후에 아마 '아아! 그렇군요.' 라고 말할 것이다."

바울은 "우리가 알거니와 하나님을 사랑하는 자 곧 그 뜻대로 부르심을 입은 자들에게는 모든 것이 합력하여 선을 이루느니라"(롬 8:28)고 했다. 조니 에렉슨(Joni Eareckson)은 다이빙 사고로 불구가 된 후에 하나님의 선하심을 경험했다. 치유해 달라는 그녀의 기도는 응답되지 않았지만, 하나님은 수많은 믿음의 사람들을 격려하는 데 책과 영화를 통해 지금 그녀의 삶의 이야기를 사용하고 계신다. 그녀의 고통은 선의 원인이 되었다.

선과 악 사이에서 어마어마한 전쟁이 우리 주위에서, 그리고 우리 안에서 격렬히 치러지고 있다. 우리는 몇 분 간의 기도를 통해 우리가 선의 편에 있음을 큰 소리로 보여 줄 수 있다. 우리는 하나님의 관심과 그분의 뜻에 연합된다. 우리는 우리의 왕과 교제한다.

기도와 믿음

믿음은 잘 보관된 하나님의 비밀을 풀 수 있는 공식이 아니다. 그것은 하나님이 내가 원하는 것을 하시든지, 혹은 나로 하여금 힘든 시간을 인내하게 하시든지 간에 하나님을 신뢰하는 것이다. 흔히 '믿음의 장'(Faith Hall of Fame)이라 불리는 히브리서 11장을 보면, 믿음의 거장들이라고 하는 몇몇 사람들은 그들이 원했던 바를 거의 얻지 못했다. 어떤 이들은 홍수와 바로와 사자로부터 생명을 구조받았지만, 다른 이들은 죽기까지 맞았고, 채찍으로 고통을 당했으며, 몸이 동강나기도 했다.

이 두 그룹 모두 강력한 믿음을 가졌는데, 이는 우리의 모범으로서 크게 환영되고 있다. 믿음은 반드시 그들의 문제를 제거하는 것은 아니지만, 하나님의 칭찬과 상급을 받게 했다. 믿음은 하나님의 주의를 끌기 위해 퍼부으면 부풀릴 수 있는 수량(quantity)이 아니다. 믿음은 밖에 있는 우리 자신을 세상을 향한 하나님의 기대에 참여케 하는 신뢰의 질(quality)이다.

종종 하나님이 나의 간구를 거절하신 것처럼 보일 때는 하나님이 간접적으로 응답하신 것이다. 위대한 기독교 교부인 어거스틴(Augustine)의 어머니는 이를 경험했다. 모니카(Monica)는 매일 밤마다 그의 아들이 이탈리아로 가는 것을 막아 달라고 하나님께 기도했다. 그녀는 어거스틴이 그리스도인이 되기를 바랐기 때문이다. 어거스틴은 어머니를 속이고 이탈리아로 건너갔다. 그녀의 기도는 상달되지 않은 것처럼 보였다. 그러나 어거스틴은 이탈리아에서 회개했다. 하나님은 사랑이시요 지혜로운 분이시다. 그분은 훨씬 더 좋은 것으로 우리에게 축복하기 위해 우리의 기도를 들어주시지 않을 수 있다.

기도에 대한 토론은 복잡하고 혼란케 하는 경향이 있다. 아마 이것은 성경이 우리에게 기도의 모든 좋은 점과 신비를 보여 주면서도 그 과정을 자세히 개요하지 않는 이유일 것이다. 오히려 성경은 우리에게 의심을 버리고 아이처럼 기도로 하나님께 나아가라고 말해 주고 있다. 그런데 왜 예수님은 그런 엄청난 약속을 하셨을까? 나는 전혀 알지 못한다. 아마도 그것은 엄청난 믿음으로 나가도록 우리를 재촉하려는 의도였을 것이다.

예수님은 "너희 중에 아비 된 자 누가 아들이 생선을 달라 하면 생선 대신에 뱀을 주며 알을 달라 하면 전갈을 주겠느냐 너희가 악할지라도 좋은 것을 자식에게 줄 줄 알거든 하물며 너희 천부께서 구하는 자에게 성령을 주시지 않겠느냐"(눅 11:11-13)고 말씀하셨다.

결국, 하나님이 나의 간구들 중에서 일부는 들어주시지 않는다 해서 그리 놀랄 일은 아니다. 놀라운 것은 하나님이 나의 모든 기도에 귀를 기울이신다는 것이다. 모든 기도는 하나님의 결재 서류에 계속 놓여진다. 내가 해야 할 일은 하나님께 넘쳐날 정도로 간구하고 나서 그분의 응답을 받아들이는 신뢰를 그분께 드리는 것이다.

성경이 무미건조하게 여겨질 때가 있다

일단 시작하라

그 먼지가 생기로 타오를 수 있다

성경이 무미건조하게 여겨질 때가 있다

일단 시작하라
그 먼지가 생기로 타오를 수 있다

그리스도인들은 성경을 하나님이 우리에게 주신 선물로서 지금까지 쓰여진 것 중에 최고의 책이라고 믿는다. 성경은 **하나님에 관한** 것들을 단순히 전달하는 것이 아니라, 하나님이 우리에게 직접 찾아오시는 통로다. 성경을 통해 우리는 하나님을 만날 수 있고 우리에게 말씀하시는 그분의 음성을 들을 수 있다.

이런 믿음은 충분히 근거를 둔 것이지만, 사람들로 하여금 뜻밖의 일로 동요하도록 만들어 버린다. 한 갤럽(gallop) 조사를 보면 대부분의 미국인들은 성경을 영감된 하나님의 말씀으로 믿고 있다. 그러나 그들 중 십계명이나 다른 동등하게 기본적인 성경적 사실들을 말할 수 있는 사람은 많지 않다. 대부분의 경우 성경은 쳐다보기에는 인상적이지만 읽혀지지는 않은 채 선반 위에 올려져 있다.

헌신된 그리스도인조차도 성경을 읽지 않는다. 캠퍼스 라이프(Campus

Life) 지의 어느 조사에서는 젊은 그리스도인들이 성경을 지속적으로 읽지 않는 데 대해 느끼는 죄책감을 반복해서 언급했다. 그들은 성경을 믿었다. 그들은 거기에서 도움을 찾기를 기대했다. 그들은 성경을 거룩한 책으로 이해했다. 그러나 그들은 자신들이 읽어야만 한다고 생각하는 것만큼 자주 성경을 읽지 않았다. 좌절하게 만드는 이런 역설은 그들로 하여금 자신들의 신앙을 의심케 하는 주요 원인이 된다.

결국 하나님은 진실로 당신에게 말씀하기를 원하시고, 날마다 당신에게 도움이 되기를 원하시지만, 당신은 그분의 음성을 들을 '시간을 전혀 내지 않고' 있다. 도대체 당신은 어떤 부류의 그리스도인인가?

성경에 관한 비밀들

이런 역설이 사람들로 하여금 그들의 신앙을 의심하게 하는 것일까? 나는 그렇게 생각하지 않는다. 그 역설은 보통 참된 믿음의 결핍에서 기인하지 않는다. 그 의심은 오히려 성경에 관한 비현실적인 기대들에서 비롯된다고 생각한다.

대부분의 교회에서 사람들은 성경을 읽을 때 생기는 많은 유익에 대해서 말한다. 그러나 그들은 성경을 읽는 것이 얼마나 어려운 일인지에 대해서는 거의 말하지 않는다. 사람들은 성경이 그들에게 힘을 주고, 잘못을 고쳐 주며, 생기를 불어넣어 주는 경우에 대해서 공공연하게 말하면서도, 성경이 어제 마신 커피처럼 구미를 당기는 것처럼 보이는 경우에 대해서는 입을 다문다.

나는 대부분의 그리스도인들이 그들의 생애 동안 성경을 읽고 이해하려고 노력하고 있다고 확신한다. 그러나 그들 중 극소수만이 그 일이 언제나 즐거운 일임을 안다. 그들은 이 사실이 특히 믿음이 여린 그리스도인들을 낙담시킬까 봐 그들에게는 말하지 않는다. 사실상 성경을 읽는 어려움을 말하지 않음으로써, 그들은 다른 사람들에게 죄의식으로 인한 좌절감만을 증대시킬 뿐이다. 초신자들은 특히 성경에서 꾸준히 영감을 받지 못하면 그들에게 뭔가 잘못이 있음에 틀림없다고 생각한다.

수년 동안 나는 성경을 읽는 데 있어서 장애물들을 극복하기 위한 프로젝트에 몰두해 왔다.(우리 작업의 결과 NIV 학생용 성경책이 나옴.) 우리는 "성경 읽는 것을 방해하는 것은 무엇인가?"라는 질문에 대한 답을 찾고자 현대적인 연구 방법을 사용했다. 고무적인 소식은 대부분의 젊은 그리스도인들이 성경에 대해 아주 높은 지식을 갖고 있다는 사실이다. 그들은 성경에서 유익한 것들을 기대했다. 그러나 절망적인 소식은 지속적으로 그런 유익한 것들을 발견하는 사람이 아주 적다는 사실이다. 단지 적은 비율의 사람들만이 거의 규칙적으로 성경을 읽고 있다고 공언했다. 왜 성경을 읽지 않느냐고 물었을 때 그들의 대답은 세 가지 범주로 구분되었다. '낙심했다', '이해할 수 없다', '아무 것도 발견할 수 없다.'

낙심했다

단순한 낙심이 성경을 읽지 않는 가장 보편적인 이유다. 우리가 조사한 바에 의하면 대부분의 사람들이 죄책감을 느꼈다. 그들은 성경을 읽으려고 시도할 때마다 실패했다.

성경은 천 페이지가 넘는 두꺼운 책이다. 얼마나 많은 사람들이 천 페이지가 넘는 다른 책을 읽은 적이 있을까? 성경을 통독하려고 계획하여 창세기부터 읽어 나가는 사람들은 종종 민수기나 신명기 정도에서 수렁에 빠진다. 피곤이 시작된다. 추측컨대 「전쟁과 평화」를 읽은 사람의 숫자와 성경을 다 읽은 사람의 숫자가 비슷할 것이다.

아주 많은 사람들이 시작조차 하지 않고 있다. 그들의 바쁜 일정과 제한된 믿음 때문에 어차피 중도에 포기할 것이라고 확신한 나머지 성경 읽기를 시작하지도 않는다. 대신에 이따금 빌립보서나 시편 같은 친숙한 말씀을 골라 읽는다. 그러나 친숙하지 않은 부분을 읽으려고 할 때는 어디서부터 시작해야 할지를 모른다.

이해할 수 없다

기본적인 이해의 부족으로 성경을 읽거나, 깨닫는데 어려움이 있다. 오늘날 많은 사람들이 성경을 거의 접해 보지 않고 성장했다. 그들은 골리앗이나 아브라함에 대해 한 번도 들어 본 적이 없을지도 모른다. 그들은 종종 "창과 병기와 마을 우물과 문둥병에 대한 해석의 요점이 무엇이죠?"라고 묻는다.

성경은 수천 년 전에 쓰여진 것이기 때문에 문화적인 차이가 있다. 발음하기 어려운 이름들을 사용하고, 또한 시대에 뒤떨어진 많은 관습들을 언급하고 있다. 대부분의 독자들에게 성경은 그들의 서재에 있는 가장 오래된 책이다. 그들은 셰익스피어(Shakespeare)의 작품들이 읽기가 어렵고 혼동을 준다는 것을 알고 있다. 그러나 셰익스피어의 작품들은 성경에 비하면 현대적인 것이다.

아무 것도 발견할 수 없다

많은 사람들이 '단지 무언가를 찾기 위해 성경을 뒤적거리는 데도 많은 시간을 보낸다' 고 말한다. 성경을 읽는 사람들은 종종 어떤 문제에 대한 도움을 찾고 있다. 그러나 그들은 그것을 어디에서 찾아야 할지를 모르고 있다. 모든 사람들은 성경에서 무언가-십계명, 황금률, 사자굴 속의 다니엘 등-를 들은 적이 있다. 그러나 그것들을 어디에서 찾아야 할지 어떻게 알수 있을까? 성경은 너무 방대해서 임의적으로 찾기 위해 뒤적이는 것도 쉽지 않다.

당신은 이 세 가지 문제에 맞닥뜨리게 될 때까지는 성경에 대해 많이 안다고 할 수가 없다. 성경은 읽기 쉬운 책이 아니다.

성경은 거룩한 책, 하나님으로부터 온 선물이기 때문에 우리는 가끔 마치 그것이 보통 책이 아닌 것처럼 행동한다. 그것은 일종의 마법의 상징이 되었다. 검은 표지나 금박 테두리가 성경을 왜곡시킨다. 성경의 거룩함은 외양에서 나오지 않는다. 그것은 하나님의 말씀을 우리에게 전달시켜 주는 자체의 능력에서 나온다. 그것은 다른 책들이 전달하는 것과 많은 면에서 동일한 방식으로 전달한다. 우리는 읽고 이해해야 한다. 그러나 우리의 잘못된 개념과 기대가 종종 그것을 방해한다. 나는 검은 표지와 금박 테두리를 반대하는 것은 아니다. 다만 나는 그리스도인들의 읽고 이해하는 능력을 손상시키는 잘못된 개념을 반대한다.

잘못된 개념 1: 성경은 감동을 주는 책이다. 성경은 물론 생기를 불어넣어 준다. '영감을 주다' (inspire)라는 단어는 '호흡하다' (breathe)의 의미를 지닌 라틴어에서 유래했다. 성령은 우리에게 새로운 생명, 즉 하나님의 성령의 생명을 불어넣음으로써 영감을 준다. 그러나 성경은 어떤 방법으로 그렇게 하는가? 그것은 '감동을 주는' 책들이 하는 방법으로는 아니다.

'감동을 주는' 책들은 보통 시적인 격려로 가득 차 있다. 그것들은 당신의 감정을 고조시킨다. 그것들은 목이 메이게 하고 눈물을 글썽이게 한다. 보통 당신은 아무 때나 감동을 주는 책을 고를 수 있다. 그것을 한두 페이지 읽어도 당신 자신이 정서적으로 감동 받고 있음을 알게 된다. 성경은 이러한 의미에서는 감동을 주는 것이 아니다. 부분적으로는 감동을 주지만 대부분은 그렇지 않다. 성경의 대부분은 전혀 당신의 감정에 맞추어져 있는 것이 아니라 당신의 이성에 맞추어져 있다. 성경은 주로 개혁하고 가르침으로써 '영감을 준다'. 이 중에 어떤 것은 솔직히 불쾌하다. 특히 당신이 잘못하고 있는 것이 무엇인지, 그리고 당신에게 무엇을 기대하는지 말해 주고 그 결과에 대해 경고하는 부분에서는 더욱 그렇다.

만일 성경이 '감동을 주는 책' 이라는 생각으로 접근하여 종종 실망하게 되면 결국 당신이 읽는 것은 예를 들면 시편(물론 모든 시편이 그런 것은 아니다. 어떤 부분은 '감동적' 인 것과 거리가 멀다)과 같이 아주 적은 부분으로 한정될 것이다. 이와 반대로 하나님은 이 세상에 대해 무엇을 기대하시며, 그리고 당신에게는 무엇을 기대하시는지 알기를 원하면서 성경에 접근한다면 당신은 더욱 감동을 받을 것이다. 당신은 하나님이 무엇에 대해 전부가 되시는가를 배우게 되며, 이것은 당신에게 '새 생명' 을 불어넣어 줄 것이다.

잘못된 개념 2: 성경은 놀라운 구절들의 집합체다. 나는 이러한 잘못된 개념이 부분적으로는 설교에서 성경이 사용되는 방식으로부터 유래한다고 생각한다. 성경을 잘 알고 있는 많은 목사들이 성경 곳곳에 있는 다양한 구절들을 인용한다. 이 각각의 구절은 보석과 같다. 어떤 성경책에는 당신이 고통, 절망, 유혹 그리고 다른 시련들을 당할 때 도움을 받고자 찾아볼 수 있는 성구 목록이 실려 있다.

불행하게도 어떤 사람들은 성경이 위대하고 영감을 주는 구절들을 담은 보물 창고라고 생각한다. 그러나 그들은 그것을 찾아 헤매지만 거의 찾지 못한다. 성경은 연하장과 범퍼 스티커에 사용될 원 자료를 제공하는 바틀렛의 인용 구문(Bartlett's Quotations)을 종교적으로 각색한 것이 아니다. 우연히 성경 안에서 몇 가지 인용할 만한 멋진 것을 발견할 수는 있다. 그러나 단지 그 멋진 인용 구문을 발견하려고만 성경을 읽는다면 당신은 저자의 의도를 놓치게 될 것이다.

하나님의 말씀을 이해하기 위해서는 성경을 한절 한절씩, 한장 한장씩, 한권 한권씩 읽을 필요가 있다. 당신은 책 전체의 줄거리를 파악할 필요가 있다. 이것은 기다란 구절들도 읽어야 한다는 것을 의미한다. 당신은 어느 날의 사건에 대한 생각만을 찾을 수는 없다. 왜 우리는 어떤 색다른 것을 기대해야 하는가? 우리의 하나님은 크신 하나님이시다. 그분은 우리에게 말해 줄 큰 이야기를 가지고 계신다. 당신은 그분을 한낱 범퍼 스티커에 고정시킬 수는 없다.

잘못된 개념 3: 성경을 이해하는 데는 어떤 도움도 필요하지 않다. 이 생각은 아마도 종교개혁에서부터 발전했을 것이다. 종교개혁은 보통의 사람들은 성경을 읽을 수도 없고, 또한 그들 스스로는 하나님의 말씀을 이해할 수도 없다고 생각한 교회 지도자들에게—내 생각에는 정당하게—반항한 것이었다. 하나님의 말씀은 지식의 수준이 다양한 사람들에게 말씀하신다. 또한 종종 아주 배우지 못한 사람이 박사 학위를 가진 사람을 가르칠 수도 있다. 하나님의 음성을 듣는 데는 학위가 필요하지 않다.

그러나 이런 사실은 어떤 사람들에게 다음과 같이 생각하라고 고무하는 것처럼 보인다. 즉, 당신은 성경책을 당신 방 은밀한 곳으로 가져가서 그것을 펼치고 하나님이 다른 사람에게 말씀하신 것과는 다른 방식으로 당신에게 말씀하시도록 하는 것이 이상적이다. 어떤 신비스런 방식으로 설명할 수 없는 이해의 비밀이 당신에게 주어질 것이라고 부추기는 것 같다.

하나님의 영은 당신을 위한 어떤 개인적인 메시지를 갖고 계신다. 그러나 당신이 성경을 분명하게 이해하면 할수록, 성령은 성경을 통해 더욱 분명하게 말씀하신다. 당신은 대부분의 책들을 이해하는 방식으로 이해해야 한다. 먼저 성경을 읽고, 나른 사람들과 그것을 토론하며, 마지막으로 당신보다 훨씬 오래 전부터 성경을 연구했던 사람들로부터 가르침을 받음으로써 이해해야 한다. 이것은 익숙하지 않은 관습과 지리를 다루는 고대의 책에 대해서는 더욱 그러하다.

실제적인 해결책

성경은 숙달해야 할 책이다. 성경은 당신의 전부, 즉 몸과 마음과 영혼을 온전히 위임할 것을 요구한다. 당신 자신을 숙제하도록 훈련하는 것과 마찬가지로, 조용히 앉아서 읽도록 자신을 훈련할 때 당신의 몸은 성경을 지지하는 것이다. 당신의 영혼도 하나님께서 진리를 주신 것처럼 그 진리에 복종할 때 성경을 지지하는 것이다. 하나님은 당신의 전부를 요구하신다. 그분의 부르심에 응답하는 것은 평생에 걸친 도전이다.

그러나 그것은 수학 숙제와는 전혀 다르다. 성경을 읽는 것이 지겹게 들리는가? 그렇지가 않다. 당신이 하나님께 응답할 때, 그는 당신 안에 새 생명을 불어넣어 주신다. 점차적으로 당신은 그분의 말씀—하나님이 당신의 삶 속에서 그것들을 사용하시는 방식뿐만 아니라, 성경에 있는 실제의 말씀—을 사랑하게 된다. 마라톤 경기를 해보았거나 산에 올라갔던 사람과 대화해 보라. 그러면 아이디어를 얻게 될 것이다. 그들은 그것이 지금까지 했던 일 중 가장 어려운 일이었다고 말할지도 모른다. 그러나 성취의 긍지와 그 경험에 의해 영원히 변화되고 있는 감각은 그 어려움을 상회한다.

실제적으로 말하면 당신이 성경을 읽는 데 있어서 성공하려면 도움이 필요하다. 그것은 마라톤을 위한 훈련과도 같다. 오직 당신만이 그것을 할 수 있으나 어떤 방식은 다른 것보다 더 쉽다.

첫째, 당신은 현대어로 번역된 성경이 필요하다. 많은 사람들이 킹 제임스 버전(The King James Version) 성경책이 '보다 성경처럼' 들린다고 생각한다. 킹 제임스 성경은 훌륭한 번역서이지만 셰익스피어만큼 오래된 것이다. 대부분의 사람들은 그것을 쉽게 이해할 수 없다. 성경은 그 말이 당신의 고막에 거슬려 울리는 방식을 좋아할 때가 아니라, 그것을 읽고 이해할 수 있을 때 참으로 '보다 성경처럼' 들린다. 보다 새로운 많은 번역서들이 적어도 킹 제임스만큼은 정확하고 또한 이해하기가 훨씬 더 쉽다.

둘째, 당신이 성경을 읽기 위해서는 현실적인 방법이 필요하다. 창세기부터 시작해서 성경 끝까지를 읽으려고 애쓰지 말라. '좋은 내용'을 찾아 정처 없이 이리저리 성경을 뒤적이지 말라. 신약성경에서 기본적인 책 중

두세 권—예를 들어 누가복음(예수님의 일생을 설명함)과 에베소서 같은 책—으로 시작하라. 그것을 읽고 아주 잘 이해하게 되면, 목사님이나 당신이 신뢰하는 사람에게 다음에 읽을 것을 추천해 달라고 요청하라.

성경을 통독하기 위한 훌륭한 방식들이 많이 있다. 불행하게도 그것들 대부분은 당신에게 하루에 성경 여러 장을 읽으라고 요구하고 있으며, 또한 성경을 통독하는 데만 집중하고 있다. 성경을 읽기 시작하는 사람은 하루에 한 장 이상 읽어서는 안 되고, 또한 성경에서 가장 이해하기 쉬운 책에 집중해야 한다. 나중에 당신은 계속해서 더 많이 읽을 수 있다.

셋째, 당신은 매일 성경을 읽는 일정한 시간을 습관으로 만들 필요가 있다. 이것은 도덕적인 문제가 아니다. 하나님은 당신에게 '경건의 시간'(quiet time)을 가지라고 명령하지 않으신다. 이것은 실천적인 문제다. 성경은 매우 긴 책이어서 규칙적으로 읽는 것만이 성경을 잘 알 수 있게 한다. 매일 성경을 읽을 때 당신은 성경의 지혜를 매일의 삶 속에 적용하도록 도움을 받을 수 있다. 조금씩 조금씩, 하나님의 말씀은 당신 사고의 일부분이 되게 되어 있다. 아주 소수의 사람들이 자발적으로 매일 성경을 읽고 있다. 대부분의 사람들은 그것을 날이면 날마다 특별한 시간에 습관으로 만들 필요가 있다.

넷째, 성경을 이해하는 데 당신을 도와줄 수 있는 다른 그리스도인들을 찾아야 한다. 많은 교회와 기독교 기관에는 소그룹으로 성경을 함께 공부하는 성경공부 프로그램들이 있다. 이런 곳, 특히 아주 잘 훈련된 지도자들이 지도하는 곳은 많은 도움을 줄 수 있다.

다섯째, 당신이 성경을 이해하는 데 도움을 주는 자료들을 구하고자 투자하는 것은 좋은 생각이다. 기독교 서점은 많은 자료들을 제공한다.

성경공부 안내서는 당신을 성경의 정해진 부분이나 주제로 안내한다. 당신은 뭔가를 배우지 않고서는 이 빈 칸 채우기 소책자 하나도 거의 해 나갈 수가 없다.

성경공부는 각주와 다른 해석상의 도움을 담고 있다. 당신이 성경공부 책자를 살 때, 책이 얇고 설명이 복잡하다는 것에 감명을 받지 말라. 몇 가지 해석을 읽고 나서 당신이 정말 그것을 이해하는지 확인하라. 당신을 혼동시키는 감명적인 것보다 당신이 사용할 수 있는 단순한 것을 사는 것이 훨씬 낫다.

성경사전은 사전이라기보다 (한 권의) 백과사전 이상이다. 당신이 관심을 갖고 있는 어떤 주제—다윗, 믿음, 예언—에 대해서도 간단하지만 철저한 설명을 하고 있다. 성경의 모든 장소, 사람들, 책들을 망라하고 있다.

용어색인은 당신에게 특별한 단어를 사용하는 모든 구절을 어디에서 찾아야 할지를 알려 준다. 만일 당신이 '믿음'에 관심이 있다면, 성경에서 그 단어가 사용되는 모든 경우가 목록에 올라 있다. 용어색인은 당신이 한 주제를 깊이 연구하기를 원하면 특히 도움이 된다.

이러한 도움을 주는 서적이 당신에게 모두 필요한 것은 아니다. 반드시 어떤 것이 필요한 것도 아니다. 그러나 그것들은 성경을 이해 하는데 있어서 많은 도움을 줄 수 있다.

혼란시키는 단어 : 어렵다

어렵다고? 많은 사람들이 **어렵다**는 이 단어로 인해 혼란스러워한다. 그것은 성경 읽기를 학기말 리포트 쓰는 것만큼 구미가 당기게 만든다. 많은 사람들은 성경 읽기가 따뜻한 물에 목욕하는 것만큼 긴장을 풀어 주는 것이기를 원한다. 그러나 그것은 그렇지가 않다. 부분적으로는 그렇지만, 전반적으로 그것은 운동경기를 위한 훈련과 비슷하다. 당신이 그것을 할 때 그것은 멋지게 느껴진다. 그러나 그것은 힘든 일이다.

대안을 고려해 보라. 당신은 성경이 어떠해야 된다는 잘못된 개념을 붙잡고 늘어질 수 있다. 그리고 당신은 틀림없이 계속 죄책감을 느끼고, 그래서 하나님의 형상에 이를 수 없다.

혹은 당신은 성경을 그대로 - 당신의 평생 동안, 당신이 가진 모든 것을 요구하는 길고 도전적인 책으로 - 받아들일 수 있다. 만일 이 도전을 받아들인다면 당신은 그것에 지적으로, 헌신적으로 접근할 수 있고 또한 성공할 수 있다. 하나님은 당신에게 그분의 말씀, 성경을 통해 말씀하신다. 그리고 그 말씀은 겹겹 너 확실하고 명백해진다.

교회의 **위선자**들을 참을 수 없다

하나님이 얼마나 은혜로우신지 이해하게 될 것이다

교회의 위선자들을 참을 수 없다

*하나님이 얼마나 은혜로우신지
이해하게 될 것이다*

나는 그를 토머스 씨라고 부르겠다. 그는 좀처럼 예배나 교회행사에 빠지지 않는다. 그는 항상 다른 누구보다도 오래 기도했고 어떤 문제에서도 '영적인' 차원에서 가장 관심을 가졌다. 그러나 그는 그의 친척들을 속여서 가문의 사업체를 빼앗았고, 거짓말쟁이고, 게다가 너무 뚱뚱했다. 비록 나는 몇 년 동안 그를 보지 못했지만, 여전히 그와 유쾌하게 악수하는 것이 어려우리라 생각한다. 그에게서는 거만함이 흐른다. 위선자(hypocrite)라는 단어를 들을 때마다 나는 그가 생각난다.

위선자들은 쉽게 변명한다. 예를 들어, 왜 교회에 나오지 않는지 그 이유를 물으면 "교회에는 위선자들로 가득 찼기 때문이에요"라는 대답을 듣기가 십상이다.

이런 대답을 하면 다음처럼 말하지 않아도 되기 때문이다. 즉, "왜냐하면 일요일 아침에 일어나고 싶지 않아서요." 혹은 "왜냐하면 나는 그리스도인들이 하는 방식으로 하나님을 믿지 않기 때문이죠." 혹은 "나는 이대로의 내 인생을 좋아하며 나를 변하게 만들지도 모르는 어떤 것에 가까이 하고 싶지 않아서요." 이 세 가지 중 어느 것이나, 그리고 이런 식의 다른 많은 말들이 정직한 대답일 것이다.

그러나 교회가 위선자로 가득 찼다고 대답하면 질문자는 방어 자세를 취하게 되므로 진짜 논쟁점을 다룰 수 없다. 이것이 내가 이런 변명을 아주 자주 들었던 이유다. 나는 또한 누군가 그렇게 변명하면 그 변명에 많은 신자들이 실족하고 방어적으로 몸을 사린다는 소리도 들었다.

나는 어느 불신자 친구가 일종의 그런 변명 하려는 것을 옆에서 들었다. 그는 왜 그리스도인이 되지 않았는가에 대한 질문을 받자 자신은 카톨릭 교도로 양육받았다고 설명했다. 그는 자신이 만났던 수녀들의 잘못된 점을 몇 가지 지적했다. 그들의 갑갑함, 수술적 종교, 그들의 엄격함 등. 그는 그런 수녀들에 의해 노이로제에 걸렸다. 그에 의하면 그것이 그가 그리스도인이 되지 않은 이유였다.

그 질문을 했던 사람이 그때 갑자기 웃어댔다. "당신은 수녀복 입은 소수의 수녀 때문에 하나님을 알려고 하지 않았단 말이에요?" 그는 믿을 수 없다는 듯이 질문했다. 이 말을 들은 이후로 나는 어떤 이가 나에게 위선자들 때문에 그리스도인이 되지 않았다고 말한다면 해 줄 대답이 있게 되었다. "당신은 소수의 위선자들 때문에 하나님을 개인적으로 만나지 못한다고 말할 참인가요?"

이것은 변명을 다루는 데 도움이 된다. 당신은 진짜 논쟁점에 대해 마음대로 이야기할 수 있다. 그러나 위선자들이 진짜 논쟁점이 되는 경우도 있지 않은가? 대부분의 사람에게 그것은 한낱 변명에 지나지 않는다. 그러나 항상 그럴까? 그리스도인으로서 나도 위선자―토머스 같은 사람―의 존재 때문에 괴로움을 당한다. 그들은 골치 아픈 문제들을 일으킨다. 만일 기독교가 그리 뛰어나다면, 왜 그리스도인들은 보다 탁월하지 않을까?

매주 진리가 찬양되는 동일한 건물에서 거짓말쟁이가 발견되는 것은 무슨 이유일까? 삶을 변화시키는 종교가 도처에 사기꾼을 갖고 있는 것은 왜일까? 그것은 어느 대통령 후보 선거 본부에 들어갔는데 그 후보의 동역자들이 그에게 반대표 모을 계획을 하고 있음을 아는 것만큼 충격적인 것이다. 그 후보 측근자들의 위선이 그 후보 자체를 의심하게 만든다.

내가 여기서 다루고 싶은 것은 변명이 아닌 진실한 질문이다. 왜 위선적인 신자들이 있으며, 우리는 그들을 어떻게 대해야 하는가?

위조(counterfeit)의 배후

위선자는 가짜 그리스도인이라 부를 수 있을 것이다. 사람들은 어떤 것을 왜 위조하는 것일까? 그 어떤 것이 가치가 있기 때문이다. 아무도 차표나 형편없는 리포트 카드를 위조하지는 않는다. 보다 가치 있는 것을 위조한다. 예컨대 100달러 지폐 같은 것 말이다.

사람들은 부자인 체할 것이다. 그들은 대학 교수나 축구 선수로 가장할 것이다. 그들은 보통 동네 꼬마 야구 선수로 가장하지는 않는다.

사람들은 종종 하나님을 친밀하게 알고 있는 체한다. 왜 그럴까? 하나님을 아는 것은 가치 있는 일이어서 사람들이 자신을 하나님을 알고 있는 자로 생각해 주기를 바랐기 때문이다. 어느 면으로는 위선자들의 존재는 기독교가 매우 바람직한 실체임을 보여 준다.

한두 세대 전에, 사람들은 점잖은 분들이 교회에 참석했기 때문에 그들도 그렇게 하곤 했다. 오늘날은 당신이 교회에 가지 않거나 혹은 신자라고 공언하지 않아도 존경을 잃지 않는다. 위선적인 신자가 있는 단 한 가지 이유는 하나님을 아는 것이 가치 있다고 생각하기 때문이다. 나는 위선자들이 의식적으로 기독교를 어떻게 '위조할지'를 계산한다고 말하는 것이 아니다. 위선자란 무엇인가? 위선자들은 그들이 속해 있는 모든 단체로부터 존경을 받으려고 애쓰는 사람들이다. 그들은 신자들에게는 영적인 체한다. 그것이 칭송받게 만드는 것이라고 생각하기 때문이다. 다른 단체에서는 비영적인 체한다. 그렇게 하는 것이 다른 종류의 칭송과 권력을 얻게 해주기 때문이다. 그들은 환경에 따라 색이 변하는 카멜레온들이다. 그들 자신이 되기 위한 특성을 충분히 갖고 있지 않기 때문에, 그들은 일련의 모순된 기준에 따라 생활하도록 강요당한다.

물론 그들은 단지 비참함을 맛볼 뿐이다. 그들은 많은 사람을 오랫동안 속이지 못한다. 그리스도인들만 위선자들에게 넌더리나는 것이 아니다. 심지어 줄곧 영적으로 살지 않는 사람들조차도 양쪽 방면에서 존경을 얻으려고 하는 사람들을 경멸한다.

그래서 나는 누군가 위선자임을 느낄 때 그에 대한 적절한 태도는 슬퍼하는 것임을 배우게 되었다. 나는 자신이 진실로 누구인지를 모르는 사람을 보고 있는 것이다. 그는 너무 연약해서 지조가 없고, 아마 그는 비참할 것이다.

그러나 슬픔이 적절한 태도임을 아는 것과 그것을 사랑으로 다루는 것은 별개의 것이다. 다시 토머스 씨가 생각난다. 내가 가족과 친구들을 사랑하는 데는 매우 어려운 순간이 있다. 그런데 어떻게 내가 불쾌하고 거짓된 이 사람을 사랑할 수 있단 말인가?

그럴 수 있는 유일한 방법은 그를 보다 깊이 이해하는 것이다. 그의 영혼 속의 비참함을 보고, 또한 거짓과 두려움의 더미 밑에 묻힌, 어쨌든 그의 진짜 인간을 보는 것이다.

그러나 어떻게 토머스 씨 안에 있는 명백한 잘못들을 모두 무시할 수 있단 말인가? 만일 그가 스스로 하나님이 그에게 의도하신 모습의 인간을 발견하지 못한다면, 어떻게 내가 그것을 발견할 수 있겠는가? 나는 나 자신의 삶을 주의깊게 살펴볼 때만 그와 같은 사람들을 이해할 수 있음을 알았다. 나 자신의 영혼을 깊이 성찰할 때, 나는 토머스 씨보다 더 잘나지 않았다는 사실을 발견하게 된다.

겸손한 태도

위선자들은 믿는 것과 사는 것은 별개라고 말한다. 그러나 그 기준에 의하면 나는 위선자이고, 당신 또한 그렇다. 사실상 그리스도인이라고 말하는 모든 사람들이 어떤 의미에서는 위선자이다. 예수님은 "네 마음을 다하고 목숨을 다하고 힘을 다하여 주 너의 하나님을 사랑하고 네 이웃을 네 몸같이 사랑하라"고 우리에게 말씀하시지 않았는가? 그리고 우리는 그런 말씀들이 인생의 기준인 것에 동의하지 않았는가? 그러나 우리 중 아무도 그런 말씀에 따라 살고 있지 않다. 나와 토머스 씨 사이의 가장 큰 차이점은, 내가 내 믿음에 따라 살고 있느냐가 아니다. 그런 이유에서 보면 나 역시 실패자다. 차이점은 실패를 대하는 우리의 태도이다.

예수님은 기도하는 두 사람에 대해 이야기했었다. 첫번째 사람은 위선적인 종교 지도자로서 그가 살아온 도덕적 특성-규범을 상당히 뛰어넘는-에 대해 하나님께 감사드렸다. 다른 한 사람은 악명 높은 사기꾼으로서 자신을 부끄러워하여 하나님께 간신히 말씀을 드릴 정도였다. 그는 아무 것도 감사드리지 않았다. 그가 구한 것은 자비뿐이다. 예수님은 첫번째 사람이 아니라 두번째 사람이 하나님을 기쁘시게 한다고 해석했다.

그 사람은 죄를 적게 지었기 때문이 아니라, 그의 겸손한 태도 때문에 하나님을 기쁘시게 한 것이다. 그는 자신의 잘못을 감추려 하지 않았다.

자, 이 두 사람 중 누가 위선자가 발견된 교회에 대해 냉소적이었을 것이라고 생각하는가? 확실히 첫번째 사람이다. 그는 자신을 위선자라고 생각하지 않을 것이다. 그는 선한 삶을 살았고 그것을 자랑스러워했다. 그는 십계명을 저버린 사람을 경멸했다. 그는 자신을 너무 선하다고 생각해서 위선자들의 교회에 출석하지 않을 것이다.

당신은 두번째 사람 안에 있는 그 태도를 상상할 수가 없다. 그는 자신의 잘못을 너무 잘 알고 있어서 다른 사람들의 잘못으로 인해 실족하는 일이 그에게는 결코 발생하지 않는다. 하나님을 기쁘시게 하는 것이 바로 이 태도라고 예수님은 말씀하신다.

이 이야기를 들을 때 나는 나 자신을 그 상황에 적용해 본다. 내가 위선자에 대해 속이 뒤집힐 때는 첫번째 사람과 같지는 않은가? 그러나 나 자신을 깊이 성찰하고 나 자신의 위선이 얼마나 멀리 사라졌는가를 살펴볼 때는 훨씬 더 두번째 사람과 같게 된다. 그러면 나는 다른 사람들-토머스 씨조차도-을 냉소할 용기(혹은 욕구)가 사라지게 된다.

우리 각자는 빵을 찾는 굶주린 자로서 예수님께 나아온다. 만일 내가 돌아서서 빵이 어디 있는지 모르는 배고픈 다른 사람들을 비웃는다면 나에 대해 뭐라고 하겠는가?

그러나…교회에서는?

물론 위선자를 용납하는 데 있어서 큰 장애물 중 하나는 우리가 그들을 교회 안에서도 발견한다는 사실이다. 만일 정직하지 않고 비열한 사람을 식료품 가게에서 만난다면 나는 그에게 침을 뱉지는 않을 것이다. 그러나 그리스도인들은 달라야 되지 않는가? 성경은 그리스도인들을 거룩한 사람들이라 칭하고 있지 않은가? 그렇다면 왜 교회는 위선자들을 묵인하는가?

그런데 사실 대부분의 교회는 위선자들을 묵인하지 않으려 한다. 거의 매주 교회에서는 비정직성과 이기심은 우리로 하여금 진실한 삶을 살지 못하게 하는 것이라고 분명하게 말하고 있다. 교회는 사람들에게 그들의 삶에서 잘못된 것들을 직시할 것을 요구한다. 어떤 교회는 계속해서 사람들이 다 아는 죄를 짓고서도 그것을 인정하지 않고 고치려 하지 않는 사람은 교회에서 쫓아내는 극단적인 방법을 취하기도 한다.

교회가 무엇을 더 할 수 있을지 아는 것은 어렵다. 모든 사람에게 할 수 있는 위선 테스트가 있는가? 그것은 마치 종교재판처럼 들린다. 솔직히 나는 다른 어떤 사람이 **나의** 위선을 테스트하는 것을 원하지 않는다. 그리고 나도 다른 사람의 위선을 판단할 만큼 유능하지도 않다. 누가 다른 사람의 진실을 알겠는가? 사람이 홀로 있을 때 그가 무엇을 생각하는지 우리가 어떻게 말할 수 있겠는가? 우리는 사람의 행위를 평가할 수 있다. 그러나 어떻게 그의 진실을 평가할 수 있는가? 나는 차라리 그런 종류의 판단은 하나님께 맡기겠다. 만일 내가 성경을 정확히 이해한다면 그분의 어떤 판단들은 우리를 놀라게 하는 것임이 증명될 것이다.

그 외에 나는 교회가 어떠해야 하는가를 질문해야 한다. 우리는 일 주일에 한 번씩 순결한 사람들을 분리해서 그들을 한 건물에 꽉 채워야 할까? 아니면 우리는 삶이 일치하지 않고 문제가 있는 사람들에게 문을 개방해야만 하는가?

성경은 그리스도인들을 거룩하다고 부른다. 그러나 그것은 그들이 삶에서의 위선과 언행 불일치를 해결했기 때문인가? 내 경우에는 그렇지 않다. '거룩함'에 대한 나의 유일한 주장은 나의 위선과 언행 불일치를 계속 반복해서 예수님께 가져와 그분이 나를 용서하고 새롭게 하시도록 하는 것이다.

나는 토머스 씨를 다시 생각하고 있다. 그는 불쾌한 인물이지만, 아마도 하나님은 그를 변화시키기 위해 일하고 계셨을 것이다. 나는 20년 전의 그를 모른다. 아마 많은 일들을 겪었을지도 모른다. 나는 그의 도덕성을 다른 사람과 비교할 수가 없다. 나는 단지 그가 하나님이 없었다면 하고 가정할 때의 그의 모습보다 더 나은 사람이기를 바랄 뿐이다.

나는 또한 토머스 씨가 내면에서 무엇을 생각하고 있는지를 모른다. 아마 어떤 위기 의식이 그를 지금 막 변화의 지점으로 몰아가고 있는지도 모른다. 나는 그가 하나님의 강권하심에 응하기 전날 그를 간섭하고 정죄했던 사람이 되고 싶지는 않다.

그러나 그가 결코 변하지 않을지라도 하나님은 우리가 자유롭기를 원하신다는 것 외에 그것은 무엇을 증명하는 것일까? 그분은 징병군인이 아닌 자원군인을 원하신다. 그분은 토머스 씨, 혹은 내가 위선적으로 살아가도록 놔두실 것이다. 그분은 우리 각자에게 자신의 마음을 구성할 위엄을 허락하신다. 단지 하나님은 그의 영을 우리 마음에 미묘하게 꾸준히 가하실 뿐이다.

하나님은 오늘날 우리 각자를 우리의 내면에서 모순된 모든 것과 억지로 타협하도록 하실 수 있었다. 만일 그분이 그렇게 했다면 많은 사람들이 계속해서 자신들을 그리스도인이라고 부를 수 있는 힘을 가질 것인지 의문이다. 대신, 그분은 우리에게 우리의 잘못들을 한 번에 하나씩 가져오신다. 그리고 우리가 그것을 무시하고 싶다면 그럴 수 있다. 하나님은 자유를 허락하셨기 때문에 언제나 위선자들이 있을 것이다.

그러나 우리가 마음을 바꿀 때, 그리고 하나님의 규례가 우리 삶 속에서 작용할 때 그분은 우리를 자유케 하신다. 무엇보다도 우리는 아무 문제가 없는 체 가장하는 것을 그만 둘 자유가 있다. 위선자는 문제들이 존재하지 않는 체하면서 그것을 내면에 숨기는 사람이다. 그리스도인은 문제들을 밖으로 표출하고 그것을 날마다 하나님께 맡길 만큼 충분히 자유로운 사람이다.

완벽한 그리스도인들을 보면
자신은 하나님으로부터 멀리 있는 것처럼 느껴진다

은혜가 이에 대한 예수님의 해결 방안이다

완벽한 그리스도인들을 보면
자신은 하나님으로부터 멀리있는 것처럼 느껴진다

*은혜가 이에 대한
예수님의 해결 방안이다*

우리는 위선자들에 대해 이야기했다. 이들은 아주 종교적이시만 이들이 주장하는 믿음과는 모순된 방식으로 사는 사람들이다. 그들은 많은 젊은 그리스도인들을 실족케 하는 명백한 장애물을 만든다.

다른 종류의 사람 — 율법주의자들 — 은 당신에게 반대되는 인상을 줄지도 모른다. 당신은 그들의 엄격한 신앙에 대단히 감명 받을지도 모른다. 철저히 헌신된 이 그리스도인들은 모든 대답을 아는 것처럼 보인다. 그리고 그들은 타협하지 않는다. 엄격하게 살고 그들의 삶을 기독교적 관심사에 쏟는다. 그들은 당신에게 생기를 불어넣어 줄 수 있다.

그러나 당신은 결국에는 그들이 당신을 하나님으로부터 멀어지게 한다고 느끼게 될지도 모른다. 아마도 그들이 주장하는 규칙에 따라 살 수 없음을 알게 될 것이다. 혹은 그들의 엄격성에 깔려 있는 가혹성을 간단하게 알아차릴 것이다. 당신은 그들의 말보다는 태도에서 그들이 그리스도와 그분의 은혜에 의지하는 것을 잃어버리고 교만하다는 것을 느낄 것이다. 그러나 만일 당신이 전형적이라면, 당신은 무엇이 그른지를 지적하는 것이 어렵다는 것을 발견할 것이다. 그들은 그렇게 거룩해 보인다. 그만큼 진지하고 헌신되었다. 나 역시 몇 년 동안 하나님에 대한 이들의 신앙에 무슨 잘못이 있는지, 혹은 나에게 문제가 있는 것인지 이해하기 위해 노력했었다. 조쉬라는 어느 낯선 사람이 나로 하여금 이 문제에 대해 조명하도록 도와주었다.

교회 내의 어느 소그룹 모임에서 나는 그를 만났다. 그는 낯설고 외로운 남자였다. 조쉬는 거의 얼굴을 똑바로 쳐다보지 않았다. 그는 밑을 응시하거나, 또는 가끔씩 어깨 너머로 멀리 쳐다보았다. 그는 항상 신경질적으로 보였다. 마치 그의 목에 뭔가가 걸린 것처럼 조쉬는 말을 거의 하지 않아서, 나는 그를 토의에 참여시킴으로써 느슨하게 해주려고 노력했다.

그날 밤 토의는 무엇이 그리스도인을 독특하게 만드는가에 관한 것이었다. 한 남자는 어떻게 해서 그리스도인은 소망의 이유를 갖고 있는 유일한 사람인지를 언급했다. 그는 세상의 나머지 사람들은 내세를 확신하지 못하기 때문에 인생을 우울하게 보낸다고 했다.

한 부인은 그리스도인이 어떻게 그리 많은 행복과 평화를 누리게 되는지에 대해 말했다. 다른 젊은 여자는 그리스도인은 다른 사람들보다 더 높은 기준을 갖고 있다고 말했다.

조쉬는 토의 시간 내내 아무 말도 않고 앉아서 가끔 발로 마룻바닥에 알 수 없는 그림을 그렸다. 나중에 내가 그에게 그날 밤에 대해 물었을 때, 그는 고개를 들지 않고 말했다. "글쎄요. 나는 항상 그리스도인은 자신들이 죄인임을 인정하는 사람이라고 생각했습니다. 불신자들은 아직 그것을 깨닫지 못한 자들이라고 생각했죠. 그러나 오늘 밤 나에게는 이 사람들이 그들의 종교를 자랑하는 것처럼 보였습니다. 그들은 나보다 혹은 다른 것보다 우월하다고 생각하는 것 같습니다."

조쉬의 말은 깊이 파고들었다. 나는 그 모임 내내 모든 대답을 갖고 있는 똑똑한 친구들을 자랑스러워하면서 점잔 빼고 앉아 있었다. 그러나 조쉬 때문에 나는 **은혜**라는 말에 대해 잊어버렸었음을 알기 시작했다.

예수님을 화 나게 만든 사람들

예수님은 지상에 계실 때 비뚤어진 다양한 사람들을 아셨다. 교활한 세리, 매춘부, 도둑, 잔인한 군인들. 그러나 예루살렘과 다른 유대 도시들을 여행할 때 특별히 한 무리가 그분을 성나게 한 것 같다. 예수님은 그들에게 가장 강력한 공격을 했다. '독사의 자식들', '어리석은 자들', '위선자', '눈 먼 인도자', '회칠한 무덤', 그분은 이렇게 그들을 불렀다.

이상하게도 예수님을 격노하게 만든 사람들은 오늘날로 보면 출판계에서 바이블 벨트(Bible-Belt, 미국 남부의 신앙이 두터운 지역)의 근본주의자들이라고 부르는 자들이었다. 이 무리는 바리새인들이며 하나님을 따르는 데 그들의 삶을 바쳤다. 그들은 십일조를 정확히 바치고, 매순간 구약에 있는 율법에 순종하고, 새로운 회심자를 얻기 위해 선교사를 파송했다. 바리새인들 간에는 성적인 죄나 폭력적인 범죄가 거의 없었다. 바리새인들은 예수님이 가장 편하게 느끼는 유형이 아니었을까? 그러나 그분의 반응은 그분이 율법주의를 얼마나 심상치 않게 보셨는지를 나타내준다. 바리새인들은 규범적이고 외적인 규칙의 목록들을 다룸으로써 하나님의 용

완벽한 그리스도인을 보면 자신은 하나님으로부터 멀리있는 것처럼 느껴진다

납을 얻는다고 생각했다. 율법주의는 특별히 위험스럽다. 왜냐하면 외관상 그것은 아주 존경할 만하기 때문이다. 그것은 하나님을 확실하고 순수하고 경건하게 따르는 사람들을 배격한다.

나는 조지아 주 아틀란타에서 성장할 때 극단적인 보수 교회에서 처음으로 율법주의에 접했다. 그 교회에 다닌 지 겨우 한 달 만에 나는 그 곳의 금지사항이 무엇인지를 알았다. 그 목록에는 춤, 카드 놀이, 흡연, 음주, 민권운동, 영화, 록 음악, 장발, 주일에 오락하는 것, 노름, 미니스커트, 이성과 수영하는 것, 흑인이나 스페인 사람과 데이트하는 것 등이 포함되어 있다. 이러한 것을 멀리하고 성경책을 들고 다니면 자동적으로 그 그룹에 받아들여진다.

후에 남부에 있는 성경대학에서 나는 새로운 규칙들의 목록을 접했다. 거기에서는 인종 무차별이 지지되었다(그러나 여전히 인종 간에 데이트가 없었고, 안전한 편에 지내기 위해 한 흑인 거주 학생은 퓨에르토 리칸(서인도제도 동부의 섬)에서 온 거주인과 함께 방을 썼다). 아틀란타 교회의 청년부가 가장 좋아하는 운동 중 하나인 볼링은 어떤 볼링장에서 알코올이 제공된다는 이유로 반대되었다. 당신이 그 곳에 가서 볼링을 하는 것인지 술을 마시는 것인지 누가 알겠는가? 롤러 스케이팅도 금지되었는데, 스케이트 타는 동안에 손을 잡는 유해한 습관이 있고, 게다가 스케이팅이 춤추는 것처럼 미심쩍어 보이기 때문이다.

성경대학에서 진짜 관심사는 성(性)과 관련된 것처럼 보였다. 한 남자가 한 여자와 손을 잡는 것과 같은 순진한 행동이 금지되었다. 손을 잡거나 키스를 하는 사람이 학생과에 적발되면 즉시 정학되거나 퇴학당했다. 한 선생님은 심지어 립스틱을 비난했는데, 그에게는 그것이 매춘 행위였던 것이다.

그 성경학교의 규칙들은 우스꽝스럽다(그것들은 철권으로 강요되었고, 그 때는 거의 우습지 않았다). 그 규칙들은 너무했을지도 모른다. 그러나 실제로 그것들은 해로웠을까? 그것들은 모두 결백하게 생각되고, 예수님이 바리새인에게 한 것 같은 강력한 말을 거의 듣지 않을 것 같다. 만일 예수님이 확실히 가졌던 관심이 없다면, 나는 아마 그것들을 단순히 일종의 농담으로 여겼을 것이다. 무엇이 예수님으로 하여금 그렇게 강력하게 말씀하시도록 했을까?

내가 믿기로는 바리새인들은 진리와 유사하기 때문에 위험하다. 그들은 하나님이 그러한 것처럼 거룩함을 믿는다. 그러나 그들은 그것을 제한하는 특권을 원했다. 그들은 자신들의 엄격한 규율을 따르지 않는 신자도 속물적이라고 거부했다. 그들은 진리와 유사하기 때문에 쉽게 다른 사람들을 미혹한다. 유사한 대용품을 진리로 혼동하게 한다. 바리새인들은 하나님의 용납을 얻기 위해 지킬 수 있는 규칙의 목록을 갖고 있었다. 그들의 생각에는, 하나님은 그분의 승인의 인 외에는 결코 어떤 것을 주실 필요가 없었다. 그러나 예수님은 사람들이 거룩함을 하나님의 선물로서 알기를 원하셨다.

내가 아틀란타와 성경대학에서 만난 율법주의자들은 몇 가지 점에서 바리새인들과 달랐다. 그들 중에는 자신들의 규칙을 따르면 하나님의 용납을 얻는다고 말한 사람이 거의 없었다. 그러나 그들은 마치 그 규칙들이 너무 중요해서 하나님 자신이 그것들 배후에 서 계시는 것처럼 행동했다. 그리고 그들 역시 자신들의 규칙에 따라서 사람들이 얼마나 '영적인가'를 평가하는 경향이 있었다.

포착하기 힘든 네 가지 위험

거의 모든 그리스도인들은 자기 고유의 율법적인 형태를 갖고 있다. 이 위험은 너무 교묘해서 예수님은 누가복음 11장과 마태복음 23장에서 율법주의와 관련된 문제들을 똑똑히 설명하면서 여기에 중점을 두셨다.

그것들을 요약하면 다음과 같다.

1. 율법주의는 보여 주기 위해 행동한다

바리새인들은 장시간 기도할 때 사람들의 주의를 끌려고 꼭 거리로 나간다. 또 그들이 얼마나 종교적인가를 알리기 위해 이상한 옷을 입었다. 내가 있었던 그룹은 바리새인과는 달리 특별한 복장을 요구하지는 않았지만 화장도 하지 않고 장식도 없이 질질 끄는 치마를 입은 성경대학 여학생들이 쉽게 발견되었다. 예수님이 경고한 여기에서의 위험은 대부분의 외관은 다룰 필요가 있는 숨겨진 많은 문제들을 덜어 버린다는 사실이다. 내가 있던 성경대학 기숙사에는 수음으로 인한 죄책감, 부모와 권위에 대한 분노, 인종 차별, 몇몇 정치 집단에 대한 증오 등 심각한 문제가 있는 남자들이 있었다. 우리는 보이는 것에 더 많은 관심을 가졌다. 우리는 선택의 여지가 없었다—실수 하나가 우리를 쫓아낼 수 있었다.

예수님의 첫번째 경고는 율법주의에서 종종 생기는 교만에 관한 것이다. 바리새인들은 모든 율법을 지킴으로써 그들이 다른 사람들보다 도덕적으로 월등하다고 믿었다. 성경대학에서 나는 학생들이 다른 학교를 어떻게 평가하는지를 알게 되었다. 휘튼(Wheaton)대학은 학생들이 영화를 볼 수 있기 때문에 '진보적'이고, 무디성경학교는 손 잡는 것과 같은 악한 것을 캠퍼스 밖에서는 허용했기 때문에 약간 위험스러웠다. 그러나 우리는 여전히 정결했다. 우리는 주의를 게을리하지 않았다. 우리가 아주 다르다는 것에 일종의 잘못된 기쁨을 느꼈다.

2. 율법주의는 위선을 만들어 낸다

율법이 하나하나 적혀 있다면 목적을 이루기가 쉽다. 율법을 지킨 사람은 곧 독선적인 만족감으로 긴장이 풀린다. 그래서 숨겨진 죄를 간과하기가 쉽다. 예수님은 바리새인들이 겉은 깨끗하나 속은 더러운 컵과 같다고 말했다. 나는 이와 같은 결과를 나 자신 안에서 그리고 동료 학생들에게서 발견할 수 있었다. 우리는 영적인 연습 게임에 너무 바빠서 사랑과 이해를 필요로 하는 사람들에게 그것을 베풀지 못했다. 또한 우리는 스커트 길이를 재는 데만 열중해서 전쟁이나 인종주의 혹은 세계적인 기아를 걱정하지 못했다.

3. 율법주의는 중독성이 있다

율법주의는 고등학교나 대학에서 단체 혹은 사회적인 사다리를 올라가는 권력 다툼과 같다고 할 수 있다. 고등학교 시절에 졸업 앨범 사진 밑에 누가 가장 긴 교내 활동 목록이 있는가를 보는 구전(口傳)되어 온 게임이 있었다. 승리자는 나머지 사람들을 물리쳤다는 권력의 의미인 지위와 배려를 받았다. 예수님은 영성조차도 그처럼 잘못 사용될 수 있다고 말씀하셨다.

그리스도인들은 다른 사람들에게 점점 냉담해지는 반면에, 자신의 자아를 부풀리는 기술로써 서로에게 위력을 과시할 수 있다. 정상으로 가는 길을 움켜잡은 회사의 부회장은 여전히 자신보다 아래에 있는 노동자에게는 거의 동정을 하지 않는 것 같다. "나는 사다리를 기어올라 왔어. 그도 역시 할 수 있어." 성경대학에 있는 누군가가 뻔뻔스러운 죄를 지었을 때는 용서하는 것보다 판단하고 추방하는 것이 당연한 반응이었다.

4. 율법주의는 하나님에 대한 당신의 견해를 낮춘다

율법주의자들은 당신을 우롱한다. 그들은 헌신되었고 그들의 믿음에 확실히 관여하기 때문에, 당신은 그들이 하나님에 대하여 아주 높은 견해를 지녔으리라 생각할 것이다. 그러나 율법주의의 위험은 그 견지를 낮춘다는 것이다. 만일 그리스도인으로서의 나의 자격이 율법책에 조목조목 적혀 있다면 그것만 하면 된다. 나는 목표에 도달할 수 있다. 나는 하나님의 인정을 받을 수 있다. 내가 알고 있는 최고의 율법주의자들은 바리새인들처럼 안전함과 편안함을 느꼈다. 바리새인들은 율법을 이루었다. 그렇지 않은가? 그러나 예수님은 그들에게 호되게 외쳤다. "어리석은 자들이여!" 지금까지 아무도 기독교적 삶에 **도달**하지 못했다. 우리는 나머지 생애 동안 하나님을 의지해야 한다.

요약하면, 율법주의자들은 복음의 전체적인 관점을 놓쳐 버린다. 복음은 그것을 받을 만한 가치가 없는 사람에게 하나님이 값 없이 주신 선물이다. 율법주의자들은 그들이 하나님의 사랑을 받을 만한 가치가 많다는 것을 증명하려고 노력했다. 분명히 하나님은 감동받지 않으신다.

사도 바울은 엄격한 구약의 율법이 우리가 하나님께 훨씬 미치지 못한다는 것을 증거하는 몽학선생 같다고 말했다. 율법은 우리가 하나님께 도달할 수 없다는 것을 증명한다. 그래서 하나님이 우리에게 오셔서 우리를 위해 돌아가시고 우리를 그분에게로 회복시키셔야 했다. 그러나 율법주의자들은 어쨌든 감사하기보다 교만하게 되었다.

앞에서 언급한 바리새인에 대한 예수님의 광대한 취급을 연구한 후에, 나는 일반적인 맥락을 찾아내려고 했다. 이런 모든 특징들은 하루 종일 끼리끼리만 교제하는 사람들에게 나타나는 당연한 귀결이라고 믿는다. 바리새인들은 이유 없이 다른 바리새인들 주위에 지나칠 정도로 모여 있었다. 그들은 서로서로 경쟁하기 시작했다. 하나님을 향한 그들의 사랑을 서로에게 인정받으려고 노력함으로써, 그들은 진짜 원수—사탄과 비기독교인에 대한 사탄의 지배력—와의 접전을 상실했다.

믿음은 외적인 행사가 아니다.

율법주의는 단지 바이블 벨트에서만 발견될까? 천만에 율법주의는 보통 감기와 비슷하다. 그것에 면역된 사람은 아무도 없다. 그것은 재빨리 어떤 무리 속으로 퍼진다. 나는 자신이 술을 마시고 담배를 피우는 데 자유를 느끼기 때문에 다른 사람보다 더 영적이고 계몽되어 있다고 생각하는 그리스도인들을 알고 있다. 그러나 그들도 똑같은 율법주의자의 문제를 갖고 있다.

머튼 스트로멘(Merton Strommen)이라는 연구원이 많은 종파 중에서 칠천 개의 개신교 교회 청년들을 세밀하게 조사했다. 그는 그들에게 아래와 같은 진술에 동의하는지를 물어 보았다.

"하나님께 용납되는 길은 선한 삶을 살려고 진지하게 노력하는 것이다." 60퍼센트 이상이 동의했다.

"만일 사람이 그가 할 수 있는 최선의 삶을 산다면 하나님은 만족해하신다." 거의 70퍼센트가 동의했다.

"복음의 주된 강조점은 올바른 생활에 대한 하나님의 율법들이다." 반 이상이 동의했다.

만일 사도 바울과 마틴 루터가 그들의 입을 전혀 열지 않았다면, 그리스도인들은 아직도 율법의 코드를 따라야 천국에 이른다고 굳게 믿고 있을 것이다!

이런 종류의 사고는 그리스도인의 믿음에 결정적일 수 있고, 또한 그리스도인 사이에서 문제가 되는 현상들을 설명하도록 해준다. 나는 훌륭한 기독교 가정과 건전한 교회에서 성장했으나 나중에 그들의 믿음을 저버린 수십 명의 어린이들을 알고 있었다. 잠시 동안 그들은 기독교의 뛰어난 모범이 된 후에 결국은 영적인 낙오자가 되었다.

나는 그들 중 많은 자가 외형적이고 보이는 기독교적 삶에 중점을 두었기 때문에 실패했다고 믿게 되었다. 그들은 그리스도인 친구들이 어떤 방식으로 행동하고 어떤 언어로 이야기하면 그들의 행동을 모방하기 시작했다. 그들은 걸어다니는 거울이 되어 교회의 모든 스타일과 모양을 정확하게 반사했다. 비록 그들의 신앙에는 아무 내용이 없었지만 그들은 율법을 준수하는 데 능숙해서 아무도 그 속을 알아채지 못했다. 마치 뱀이 껍질을 벗듯이 외적인 행사로서의 믿음은 저버리기가 아주 쉽다. 어떤 사람은 기독교의 율법주의적 낙인을 크리쉬나 의식(Krishna Consciousness)이나 바하이교(Bahai), 혹은 세속적 인본주의의 율법과 같은 새로운 규칙과 바꿈으로써 그것을 버릴 수 있다.

대신에 만일 당신이 살아 계신 그리스도께 초점을 맞춤으로써 기독교의 힘을 길러 나간다면, 그것은 벗어버리기가 훨씬 어려울 것이다.

은혜라는 단어

예수님은 물론 거룩함이 중요하지 않다고 말씀하시지 않으셨다. 그러나 그분은 율법주의를 조심스럽게 피하셨다. 사람들은 여러 번 예수님께 특별한 문제에 대한 조언을 구했다. 대개 그분은 구약의 율법에 대해 특별한 해석을 하지 않으셨다. 대신에 그분은 율법 뒤에 있는 원리를 지적하셨다. 그분은 부자에게 그의 소유의 18.5퍼센트를 나눠주라고 말씀하지 않으셨다. 그분은 간음을 실제의 성교라고 정의하지 않으셨다. 대신에, 그분은 남자가 마음으로 간음하도록 여자를 성적인 대상으로 사용하는 원리를 비난하셨다. 사랑? 그것은 친구들 사이에서조차 성취하기가 쉽지 않다. 그러나 예수님은 말씀하신다. "네 원수를 사랑하라!" 살인? "나는 이에다 첨가하겠다. 자신의 집에서라도 단지 화를 내기만 해도 그는 이미 심판의 위험에 놓여 있다!"라고 예수님은 말씀하신다.

나는 성경대학의 그것보다 더 엄격하게 율법의 목록을 진전시킬 수 있었다. 그러나 예수님은 "아니, 율법에는 그것보다 더 많은 것이 있다"고 말씀하심으로써 율법주의적 채무를 전문적으로 말소하셨다. 그분은 결코 나의 목적들을 더 쉬운 것으로 대체하지 않으신다. 그분은 불가능한 것으로 대체하신다.

예수님은 우리가 어떻게 사는지 관심을 갖지 않으시는 것이 아니다. 그분은 정말로 돌보신다. 그렇기 때문에 그분은 우리의 삶을 인도해야 할 원리들을 계속해서 지적하시는 것이다. 예수님은 우리가 얼마나 선한가

하는 명예의 목록을 절대 나열하지 않도록 하기 위해 율법주의를 심하게 책망하신다. 명예는 우리가 아닌 하나님께로 간다.

그리스도인들은 율법주의의 치료약이 될 수 있는 '은혜'라고 불리는 단어를 사용한다. 은혜란 단순히 하나님의 사랑이 아무 조건 없이 무료로 주어진다는 것을 의미한다. 은혜는 율법주의와 정반대이다. 은혜는 예수님이 주신 놀라운 선물이다. 그리고 지금도 주시는 것이다. 은혜는 예수님 자신이 선물이다.

내가 선물을 받아들이는 것은 어렵다. 나는 뭔가 일하기 때문에 성취하는 데 익숙하다. 비록 나 자신을 혹사한다 할지라도, 좋은 평점을 얻거나 테니스 팀을 만들거나, 혹은 물품을 판다. 그래서 나는 은혜 역시 받아들이는 것이 어렵다. 차라리 하나님의 호의를 **획득**하는 것이 낫다. 그러나 은혜 때문에 나는 하나님께 내가 얼마나 영적인지를 알리려고 노력하면서 여기저기 갈 필요가 없다. 은혜는 나로 하여금 쉬게 하고, 하나님을 신뢰하게 하고, 그분이 이미 나를 '그가 기뻐하시는 선물'(엡 1:11)이라고 부를 만큼 충분히 감동받으셨다는 것을 깨닫도록 도와준다. 이것이 조쉬가 나로 하여금 강하게 생각나도록 한 것이다. 은혜는 하나님이 아직 우리와 관계를 끊지 않으셨다는 의미다—우리는 거칠고 제멋대로이며 심술궂으나, 그분은 여전히 우리가 마치 그분의 모든 피조물 중에서 가장 아름다운 것처럼 다루신다.

그리스도인들은 은혜에 대해서 잊어버리는 경향이 있다. 우리는 우리의 신앙이 자신의 몇몇 문제들을 해결해 주고 또한 사람들로부터 우리를 구분해 주기 때문에 그것을 **자랑스러워**한다. 우리는 조쉬가 말했듯이, 우리와 세상 나머지 사람 간의 유일하게 변치 않는 차이점은 우리가 죄인임을 인정하는 것임을 잊어버린다. 우리 안에 있는 유일한 선은 하나님의 값없는 은혜의 결과다.

바울은 다음과 같이 말했다. "곧 창세 전에 그리스도 안에서 우리를 택하사 우리로 사랑 안에서 그 앞에 거룩하고 흠이 없게 하시려고"(엡 1:4).

사랑이신 하나님께서 고난을 허락하신다

그것이 그분의 마지막 말씀이 아니다

사랑이신 하나님께서 고난을 허락하신다

그것이 그분의 마지막 말씀이 아니다

나는 일전에 TV에서 어느 유명한 헐리우드 여배우와 인터뷰하는 것을 보았다. 그녀의 애인이 로스앤젤레스 근처의 항구에서 익사했다고 했다. 경찰 조사를 통해 그가 술에 취해 인사불성인 채 요트에서 굴러 떨어졌음이 드러났다. 슬픔으로 그 여배우는 아름다운 얼굴을 찡그린 채 카메라를 쳐다보며 물었다. "사랑의 하나님께서 어떻게 이런 일이 일어나도록 허락하실 수 있나요?"

그 여배우는 아마 몇 달 동안 하나님에 대해 생각한 적이 없었을 것이다. 그러나 갑자기 고통에 직면해서 하나님께 분노했다. 그녀뿐만 아니라 거의 모든 사람들이 고통을 당하면 반사 작용처럼 의심을 한다. 우리는 환경에 관계없이 상처를 입으면 본능적으로 하나님께 대항한다. 우리는 그분에게 책임을 덮어씌우고 그분을 의심한다.

작가가 된 후 20년 동안 나는 고통 중에 있는 많은 사람들과 면담을 했다. 그들 중 몇 명, 예를 들어 연료가 바닥이 나서 옥수수 밭에 추락한 10대 비행사 같은 사람들은 자신의 고통에 그들이 직접으로 책임이 있다. 한편, 결혼한 지 6개월 만에 백혈병으로 죽은 젊은 여자처럼 아무런 경고도 없이 닥치는 대로 일격을 맞은 것처럼 보이는 경우도 있다. 그러나 그들 모두는 예외 없이 고통 때문에 하나님을 깊이 불신하는 괴로운 경험을 맛보았다.

고통은 우리의 가장 기본적인 믿음들을 의심하게 한다. 사람들은 고통 때문에 생긴 네 가지 주된 의심들에 대해 질문했다. "하나님은 유능하실까? 하나님은 실제로 강하실까? 하나님은 공평하실까? 왜 그분은 고통에 대해 관심을 갖지 않는 것처럼 보일까?" 내가 고통당할 때 그런 질문들을 했었기 때문에 나는 그것들을 잘 알고 있다. 만일 당신 자신이 그런 질문을 아직 해보지 않았다면 아마도 언젠가 고통이 일격을 가할 때 그런 질문을 하게 될 것이다.

하나님은 유능하실까?

이런 질문을 표현하면 이상하게, 심지어 이단적으로 들릴 것이다. 그러나 나는 고통에 관한 많은 질문들이 하나님의 유능에 대한 논쟁으로 거슬러 올라갈 것이라고 확신한다. 그분은 자신이 무엇을 하고 있는지 알고 계실까? 그분은 우리가 살고 있는 세상을 창조하셨다. 그분은 좀더 좋게 일을 하실 수 있지 않았을까?

세상에는 아름다움이 풍부하다. 봄날에 그저 정원을 산책해 보라. 혹은 산에 눈이 내리는 풍경을 보라. 그러면 잠시 동안은 모든 것이 세상에 적절한 것처럼 보인다. 의심은 사라진다. 세상은 마치 그림이 화가의 천재성을 반영하듯이 하나님의 위대함을 반영한다.

그러나 좀더 가까이에서 이 사랑스러운 세계를 보면 도처에 고통과 고난이 있다는 것을 알아차리게 된다. 동물들은 타락한 먹이 순환 속에서 서로를 잡아먹는다. 사람들도 서로를 파괴한다. 살아 있는 모든 것은 결국 죽는다. 하나님의 '그림'은 흠이 나고 못쓰게 된다.

나도 옛날에 고통을 하나님의 중대한 실수로 본 적이 있었음을 고백한다. 만약 그렇지 않았다면 왜 하나님은 세상에 고통을 포함시킴으로써 세상을 혼란케 하셨을까? 고통과 고난이 없다면, 우리는 훨씬 더 쉽게 그분을 존경하고 신뢰할 수 있었을 텐데. 왜 그분은 세상에 고통을 제외시켜 아름다운 것만을 창조하지 않으셨을까?

아주 특이한 곳에서 하나님의 유능함에 대한 나의 의심이 사라져 버렸다. 놀랍게도 나는 고통이 없는 세상이 나병원(leprosy hospital)의 담 안에 실제로 존재하고 있음을 발견했다. 내가 루이지애나에 있는 나병원을 찾아가서 그 병을 지닌 환자들을 대면하게 되었을 때; 나의 의심은 사라졌던 것이다.

나병 환자들은 신체적 고통을 느끼지 못한다. 이것이 그 병의 비극이다. 그 병이 퍼지면 몸에 고통의 신호를 전달하는 말초 신경이 활동하지 않는다. 그래서 나병 환자들은 우리에게 고통 없는 세상이 어떠하리라는 것을 보여 준다.

내가 아는 한, 아무도 나병 환자의 삶을 부러워하지 않는다. 사람들은 정상적으로 그 병에 대해 두려움과 반동으로 반응한다. 왜 그럴까? 그 병에 대한 우리의 시각적 이미지(감상적인 소설이나 영화를 통해 종종 왜곡된 이미지) 때문이다. 그것은 잔인한 병이어서 치유하지 않으면 손과 발 그리고 얼굴이 뒤틀려서 아주 흉하게 된다. 나는 세상에서 나병 환자보다 더 외로운 사람을 알지 못한다.

그러나 나병에 관한 가장 놀랄 만한 사실이 있는데, 그것은 1950년대까지 밝혀지지 않았던 사실이다. 사실상 나병 환자의 모든 신체적 기형은 **'그들이 고통을 느끼지 못하기 때문에'** 일어나는 것이다. 그 병은 단지 감염된 세포만을 파괴한다. 다른 모든 세포 조직의 손실은 환자가 고통을 느낄 수 없기 때문에 야기되는 것이다.

나는 한 나병 환자를 만났는데, 그는 단지 꽉 끼는 좁은 신발만을 고집했기 때문에 오른쪽 발가락이 전부 없어졌다. 내가 알고 있는 다른 나병 환자는 마포걸레 자루를 너무 꽉 쥐어서 생긴 종기 때문에 엄지손가락이 거의 없어졌다. 그 병원에 있는 수십 명의 환자들은 눈을 언제 깜박거려야 할지 알려 주도록 되어 있는 세포들이 나병 때문에 작동하지 못했다는 이 유만으로 맹인이 되었다. 눈을 계속 깜박거리지 않아서 그들의 눈이 말라 버렸던 것이다.

나는 고통이 크고 작은 수천 가지 방법으로 우리에게 봉사하고 있다는 사실을 배웠다. 만일 우리가 건강하다면 세포는 언제 신발을 갈아 신어야 할지, 언제 마포걸레 자루를 느슨하게 풀어 잡아야 할지, 언제 눈을 깜박거려야 할지를 경고한다. 간단히 말해서, 고통은 우리로 하여금 자유롭고 활동적인 삶을 살도록 해준다. 만일 당신이 그것을 의심한다면 나병원을 방문해서 당신 스스로 고통이 없는 세상을 관찰해 보라.

고통의 본질을 조사하면서 나는 너무 감동을 받아서 결국 한 권의 책 「하나님, 내 마음이 상할 때 어디 계셨습니까?」(*Where Is God When It*

Hurts?)를 썼다. 이 책은 우리 몸 안에 있는 고통 망(pain network)의 놀랄 만한 몇 가지 특징을 서술하고 있다. 여기에 그것들을 모두 쓸 수는 없지만 일부는 언급할 만한 가치가 있다.

- 고통이라는 경고가 없다면 대부분의 운동 경기는 과격하게 되어 너무 위험하다.
- 고통이 없다면 성적인 기쁨이 거의 고통받은 세포에 의해 전달되기 때문에 성생활이 없어진다.
- 고통이 없다면 예술과 문화는 매우 제한될 것이다.
- 음악가, 무용가, 화가, 조각가들은 모두 고통과 긴장에 대한 몸의 민감성에 의존한다. 예를 들어, 기타리스트는 어느 줄에 손가락을 두어야 할지, 얼마만큼 줄을 눌러야 할지를 정확하게 느낄 수 있어야 한다.
- 고통이 없다면 우리의 삶은 끊임없이 죽음의 위험 속에 있었을 것이다.

아무런 고통을 느끼지 못하는 희귀한 사람들은 맹장염, 심장마비, 뇌종양의 경고를 듣지 못한다. 그들 중 대부분은 고통에 대한 무감각으로 인하여 발견되지 않은 어떤 의학적 문제 때문에 젊었을 때 죽는다.

이 조사를 통해서 나는 고통에 대한 기초적인 확신을 갖게 되었다. 고통은 이 지구에서의 정상적인 삶에 절대 필요한 것이다. 이것은 하나님이 단순히 우리의 삶을 비참하게 만들기 위해 창조의 마지막 순간에 고안하신 발명품이 아니다. 또한 그분의 중대한 실수도 아니다. 그 의심은 지금 사라졌다. 나는 우리 온몸에 걸쳐 있는 수백만 개의 엄청난 고통 감지기 망(network of pain sensors)을 보고 있다. 이것들은 우리의 보호 욕구에 정확히 맞추어져 있다. 이것은 하나님의 무능이 아니라 오히려 유능함의 한 예이다.

하나님은 강력하실까?

신체적 고통은 물론 우리가 고통이라고 부르는 것 중에 단지 표면층에 불과하다. 죽음, 질병, 지진, 폭풍 등 이 모든 것은 지상에서 하나님의 관여하심에 대하여 더 어려운 질문들을 불러일으킨다. 하나님이 최초부터 고통 체계를 우리를 위한 효과적인 경고로서 만드셨다고 말하는 것은 중요하다. 그러나 세계는 지금 어떤가?

하나님은 어쩌면 만연하는 인간의 모든 죄악과 자연 재해와 어린이를 죽이는 질병들에 만족하실 수 있을까? 왜 그분은 자신의 권능으로 간섭하셔서 고통의 최악의 종류 중 일부를 끝장내지 않으실까? 그분은 충분히 강력하실까? 그분은 우리의 고통을 경감시키는 방법으로 우주를 재조정할 능력이 있으실까?

그리 오래지 않았을 때 바로 이 주제를 다룬 놀랄 만한 책이 베스트셀러 목록에 조금씩 올라갔었다. 그 책은 랍비가 쓴 신학에 관한 서적이었다. 그 책은 즐겁지 않은 주제, 즉 고통의 문제를 다루었다. 그것은 랍비 하롤드 쿠쉬너(Rabbi Harold Kushner)가 쓴 「선한 사람에게 나쁜 일이 발생할 때」(When Bad Things Hapen to Good People)라는 책이다.

하나님에 대한 쿠쉬너의 의심은 그의 어린 아들이 프로게리아(progeria) 병이라는 진단을 받았을 때 시작되었다. 아무도 프로게리아가 나이 먹어 가는 과정에 어떻게 박차를 가하는지를 모른다. 성장하는 대신에, 프로게리아에 걸린 어린이는 마치 아주 나이가 많은 사람처럼 오그라들기 시작한다. 쿠쉬너의 아들은 머리가 벗겨지고 피부는 가죽처럼 변하여 주름이 잡혔다. 최근에 막 돋았던 치아도 빠져나가기 시작했다. 달력상으로는 겨우 학교에 다닐 나이였으나 몸은 노인의 몸이 되었다. 결국 그 소년은 여덟 살에 죽었다.

쿠쉬너는 아들의 병이 고통스럽게 진행되는 동안에도 여전히 랍비로서 봉사했다. 그는 과부와 홀아비들, 병원의 환자들, 고통받는 자녀를 가진 다른 부모들에게 가서 하나님을 납득시켜야 했다. 그는 자신이 더 이상 하나님에 대한 것을 믿지 않고 있음을 알았다.

유명한 철학 박사가 한번은 이런 식으로 고통의 문제를 내어 시험했다. "하나님은 전능하시거나 아니면 모든 것을 사랑하시는 분이다. 그분은 둘 다일 수는 없고, 또한 고통과 고난을 허락하실 리가 없다." 결국 쿠쉬너 역시 전능하시고 모든 것을 사랑하시는 하나님을 더 이상 믿을 수 없다고 결론지었다.

그의 책에서 쿠쉬너는 하나님의 사랑은 받아들였으나 하나님의 능력은 의심하기 시작했다고 설명한다. 그는 지금 하나님은 선하시고 우리를 사랑하시며 우리가 고난받는 것을 보기 싫어하신다고 믿고 있다. 불행하게도 하나님의 손은 지쳐 있다. 그분은 이 세상의 문제들, 곧 프로게리아에 걸린 어린이 같은 문제들을 바르게 할 만큼 충분히 강하시지 않다.

쿠쉬너의 책에서 사람들은 위안을 얻었기 때문에 그 책은 베스트셀러가 되었다. 그들은 안도감을 느꼈다. 쿠쉬너는 그들이 처음부터 믿고 싶었던 것을 말로 표현했다. 하나님은 우리를 도와주고 싶어하지만 그렇게 하실 수가 없다. 우리의 문제들을 해결해 달라고 그분께 요청할 때, 우리는 순진하게 하나님께 너무 많은 것을 기대하고 있다.

본인 역시 랍비 쿠쉬너의 책에서 많은 위로를 발견했다. 그 위로는 오히려 너무 많아서 그것이 나를 괴롭히기 시작했다. 그의 생각은 어쩌면 내가 사실이기를 바라는 어떤 것처럼 들렸다. 그러나 그것들은 사실일까? 내 문제들은 성경의 조명 안에서 그 책을 연구했을 때 더 커졌다. 성경은 하나님 자신과 이 세상의 본질에 대해 말해 주기 위해 하나님이 우리에게 주신 책이다.

1장에서 쿠쉬너는 욥기를 인용했다. 나는 심하고 부당한 고난을 받은 한 사람에 관하여 나와 있는 구약성경에 주의를 돌렸다. 욥과 그의 세 친구가 고난의 문제에 대해 여러 날 동안 몇 번이고 되풀이하여 논쟁을 할 때, 하나님은 그들에게 말씀하셨다. 만일 고난에 대한 해답을 받을 만한 사람이 있다면 그는 바로 욥일 것이다. 세상에서 가장 의로운 사람인 그가 가장 심한 고난을 받았다.

그러나 욥이 들은 말씀(38-41장)은 전혀 그가 기대했던 것이 아니었다. 하나님으로부터는 아무런 사과도 없었다. "미안하다. 친구여, 내 마음에는 다른 것들을 염려하고 있었다네"라는 말도 없었다. 고난의 문제에 대한 진정한 설명도 없었다. 욥은 주로 우주를 경영하는 데 있어서의 훈계를 들었다.

하나님은 이렇게 말씀하셨다. "너는 대장부처럼 허리를 묶고 내가 네게 묻는 것을 대답할지니라."(욥 40:7) 그런 후에 하나님은 우주의 여행을 시작하셨다.

"내가 땅의 기초를 놓을 때에 네가 어디 있었느냐? 네가 깨달아 알았거든 말할지니라. 누가 그 도량을 정하였었는지, 누가 그 준승을 그 위에 띄웠었는지 네가 아느냐!"(욥 38:4, 5)

하나님은 욥을 창조의 과정에 한 단계씩 이르게 했다. 지구 혹성을 설계한 것, 바다를 위해 계곡을 분할한 것, 태양계가 움직이도록 작동한 것, 눈송이의 결정체를 완성한 것 등. 그리고 나서 그분은 동물에게 눈을 돌려 자랑스럽게 산염소와 들소와 타조와 말과 배를 가리키신다.

"변박하는 자가 전능자와 다투겠느냐?"고 하나님은 결론적으로 물으셨다. "하나님과 변론하는 자는 대답할지니라!"(욥 40:2)

소설가 프레드릭 부크너(Frederick Buechner)는 욥기에 나와 있는 대결을 이렇게 요약했다. "하나님은 설명하지 않으신다. 그분은 논파하신다. 그분은 욥에게 그분을 누구라고 생각하는지 물어보신다. 그분은 욥이 설명해 주기를 바라는 종류의 일들을 설명하려는 것은 멍청이에게 아인슈타인(Einstein)을 설명하려는 것과 비슷하다고 말씀하신다 …하나님은 그분의 웅장한 계획을 나타내지 않으신다. 그분은 자신을 드러내신다."

만일 하나님의 능력이 정말로 문제라면, 하나님은 욥과 더불어 그것을 완벽히 하셨다. 확실히 욥은 하나님으로부터 이런 말씀을 기대했을 것이다. "욥, 발생하고 있는 일에 대해서는 정말 미안하다. 나는 네가 일들이 드러난 방법과는 아무런 상관이 없다는 것을 알아 줬으면 한다. 욥, 나는 도와줄 수 있었으면 하고 바랐으나 정말로 그렇게 할 수가 없었단다."

하나님은 그러한 말을 하지 않으셨다. 상처받고 완전히 사기가 저하된 사람에게 말하시면서, 그분은 자신의 지혜와 능력을 찬양하셨다. 만일 그것이 사실이라면, 그리고 당신 스스로 욥기 38-41장을 읽을 수 있다면,

나는 쿠쉬너의 '하나님의 무능력'에 관한 이론에 의문을 제기해야 한다. 왜 하나님은 자신의 능력에 대해 말씀하시기 위해, 그의 능력이 거의 의문시되는 최악의 가능한 상황을 선택하셨을까?

성경의 다른 부분들은 고통의 문제를 능력의 문제가 아닌 시간상의 문제로 보아야 한다고 확신시키고 있다. 하나님도 우리가 이 세상의 상태에 확실히 불만족해 하는 것만큼 불만족해 하신다는 암시가 많이 있다. 그분은 폭력, 전쟁, 증오, 고통을 좋아하지 않으신다. 그리고 그분은 언젠가 그것에 대해 무엇인가를 할 계획을 하신다.

선지자와 예수님의 생애 그리고 신약성경을 보면 모든 것이 소망의 주제, 즉 옛 것과 대체되기 위해 새 하늘과 새 땅이 형성되는 중대한 날에 대한 주제를 전하고 있다. 사도 바울은 그것을 다음과 같이 설명하고 있다. "생각건대 현재의 고난은 장차 우리에게 나타날 영광과 족히 비교할 수 없도다 피조물의 고대하는 바는 하나님의 아들들의 나타나는 것이니…피조물이 다 이제까지 함께 탄식하며 함께 고통하는 것을 우리가 아나니"(롬 8:18, 19, 22).

때때로 우리는 '탄식하는' 피조물 속에 살면서, 기왓장으로 자신의 종기를 긁으며 왜 하나님이 자기에게 고난을 허용하셨는지를 질문했던 불쌍하고 늙은 욥처럼 느끼지 않을 수 없다. 우리는 심지어 모든 증거가 하나님을 반대하여 쌓아 올려질 때도, 욥처럼 그분을 신뢰하라고 부름 받았다. 우리는 일들이 어떻게 나타나든지 상관없이, 그분이 우주를 조정하고 진실로 궁극적인 능력을 갖고 계심을 믿으라고 요구받는다.

따라서 우리는 지금의 세계 상황으로써 하나님을 판단하는 실수를 범해서는 안된다. 그분은 고통이나 악 혹은 눈물이나 죽음이 없는 더 좋은 세상을 계획하고 계신다. 그분은 우리에게 그분을 신뢰하고 새 창조를 일으킬 그분의 능력을 신뢰하라고 요구하신다.

하나님은 공평하실까?

"왜 내게?"

우리들 대부분은 큰 비극에 직면했을 때 본능적으로 이렇게 묻는다. 수많은 자동차가 빗속에서 고속도로를 달리고 있었는데 왜 내 차만 다리로 미끄러졌을까? 스키 타는 사람들이 굉장히 많았는데 왜 나만 다리를 다쳐 휴가를 망쳐야 했을까? 암이라는 희귀한 병은 백 명 중 한 사람에게 걸린다. 그런데 왜 나의 아버지가 그 희생자에 끼어야 하나?

이런 질문들을 주의깊게 살펴보면, 당신은 공통된 실마리를 찾을 수 있을 것이다. 각각의 질문자들은 어쨌든 하나님께 책임이 있고, 그분이 직접 고통을 일으켰다고 추측하고 있다. 만일 사실상 그분이 전적으로 유능하고 전능하시다면, 그것은 그분이 삶의 모든 세부 사항까지 조절하신다는 것을 뜻하는 것은 아닐까?

하나님이 어느 차가 고속도로를 가로질러 찻길을 벗어날 것인지를 직접 선택하셨을까? 그분은 스키 타는 사람들 중 다른 사람말고 그 한 사람을 그루터기에 걸려 넘어지도록 정하셨을까? 그분은 전화번호부에서 닥치는 대로 암 환자를 선택하시는 걸까?

고통이 우리를 덮칠 때 그런 생각을 피할 수 있는 사람은 거의 없다. 즉시 우리는 하나님께서 벌을 내리실 만한 어떤 죄를 찾기 위해 우리의 양심을 조사하기 시작한다. 나의 고통을 통해 하나님께서 나에게 말씀하시려고 하는 것은 무엇일까? 만일 뚜렷한 것을 발견하지 못하면, 우리는 하나님의 공평성에 대해 질문하기 시작한다. 왜 나는 명백한 바보인 내 이웃보다 더 고통을 당하는 것일까?

내가 면담했던 고통받는 사람들은 그런 질문들로 자신들을 고문했다. 그들은 잠자리에서 괴로워할수록 하나님에 대해 의심한다. 종종 선의의 그리스도인들은 단지 그들을 더 비참하게 느끼도록 만들 뿐이다. 그들은 죄책감("당신은 이럴 만한 무엇인가를 했음에 틀림없다")과 좌절감("당신은 열심히 기도하지 않았음에 틀림없다")의 선물들을 안고 병 문안을 오기도 한다.

이번에도 역시 하나님에 대한 우리의 의심을 진실로 시험해 볼 수 있는 유일한 곳은 성경이다. 거기에서 우리는 무엇을 발견하는가? 하나님은 고통을 징계로 사용하실까? 그렇다. 그분은 그렇게 하신다. 성경에는 많은 사례들이 있는데 특히 구약의 이스라엘 민족을 향하여 내리신 징계가 기록되어 있다. 그러나 주의하라. 모든 경우에, 징계를 받을 만한 행위에 대해 반복해서 경고한 다음 징계를 내리셨다. 구약의 수백 장의 선지서는 심판 전에 죄에서 돌아서라고 선지자를 통해 생생하게 이스라엘에게 경고하고 있다.

어린 자녀에게 벌을 주고 있는 부모를 생각해 보자. 부모가 하루에 이따금씩 아무런 설명도 없이 욕을 하고 때린다면 그것은 거의 아무런 도움이 되지 않는다. 그런 방법은 자녀를 순종적이지 않고 오히려 신경질적으로 만들 것이다. 효과적인 처벌은 행위와 뚜렷하게 연관되어야 한다.

이스라엘 민족은 왜 그들이 징계를 받았는지를 알고 있었다. 선지자들이 그들에게 괴롭도록 세밀하게 경고했다. 이집트의 바로 왕은 그의 영토에 열 가지 재앙이 내린 이유를 정확하게 알고 있었다. 하나님은 그 재앙들을 예언하셨고 그것들이 발생하는 이유와 어떻게 마음이 변해야 그것들을 막을 수 있는지를 그에게 말씀하셨다.

그렇다면 징계로서의 고난에 대한 성경적 사례들은 한 양식에 짝지워지는 경향이 있다. 고통은 많은 경고 후에 찾아오므로, 나중에 아무도 '왜'라는 질문을 하면서 시험하지 않는다. 그들은 왜 자신들이 고난받고 있는지를 잘 알고 있다.

그러나 그 양식이 오늘날 대부분의 사람들에게 발생하는 것과 공통점이 있을까? 우리는 하나님으로부터 우리에게 다가오는 대 재난을 경고하는 직접적인 계시를 받고 있는가? 개인적 고난은 하나님으로부터의 확실한 설명과 함께 찾아오는 것일까? 만일 그렇지 않다면 나는 우리 대부분이 느끼는 고통들-스키 사고, 가족 중의 암 환자, 교통사고-이 정말로 하나님이 내리시는 징계인지를 질문해야만 한다.

솔직히 하나님이 특별히 다른 방법으로 나타내지 않으신다면, 우리는 성경에서 고난받는 사람의 다른 사례를 살펴보는 것이 최선일 것이다. 성경에는 고난을 받았으나 그것이 확실히 하나님으로부터 징계를 받은 것이 아닌 경우의 사람들에 대한 몇 가지 이야기가 들어 있다.

이번에도 욥이 가장 좋은 사례다. 그 역시 합당한 이유로 하나님의 공평성에 대해 질문했다. 하나님 자신이 욥을 "순전하고 정직하여 하나님을 경외하며 악에서 떠난 자"(욥 1:8)로 묘사하고 계신다. 그러면 왜 그는 그러한 호된 시련을 견뎌야만 했을까?

욥의 친구들은 문제는 하나님이 아니라 욥에게 있다고 주장했다. 결국 그들은 하나님은 공평하시고 실수를 하지 않으신다고 판단했다. 욥의 무죄함에 대한 항변에도 불구하고, 그는 고통을 받을 만한 뭔가를 저질렀음에 틀림없다고 보았다.

몇 천 년이 흘렀으나, 우리는 고난에 대해 욥의 친구들이 말로 설명한 것을 계속 의지하고 있다. 우리는 그 책 마지막에 그런 설명들이 하나님에 의해 매섭게 기각되었다는 것을 잊어버린다. 하나님은 욥이 고통을 받을 만한 일을 전혀 하지 않았다고 주장하셨다. 그것은 그의 행동에 대한 벌이 아니었다.

예수님 역시 신약의 두 군데에서 동일한 지적을 하셨다. 한번은 그의 제자들이 한 소경을 가리키면서 그런 고난이 그 소경 혹은 그 부모 중 누구의 죄로 인한 것인지를 여쭈었다. 예수님은 누구도 죄를 짓지 않았다고 대답하셨다(요 9:1-5). 또 한번은 예수님이 그 시대에 생긴 두 가지 사건을 논하셨을 때이다. 망대가 무너져 열여덟 명이 죽은 사건과 정부의 명령에 의해 성전에서 예배드리던 몇 사람이 죽은 사건을 놓고 예수님은 이 사람들이 다른 사람들보다 더 죄가 있는 것이 아니라고 말씀하셨다(눅 13:1-5). 그들 역시 그런 고난을 받을 만한 아무런 일을 하지 않았다.

나는 오늘날 고난받고 있는 대부분의 그리스도인들이 하나님께 징계받는 것이 아니라고 결론지었다. 오히려 그들의 고난은 욥에 의해 묘사되고 예수님이 묘사한 대 재난의 희생자처럼 예기치 않은, 아무런 설명이 없는 고난의 양식에 적합한 것이다.

물론 예외가 있다. 어떤 고통은 행위와 뚜렷한 연관이 있다. 마약 중독과 성병 환자들은 그들의 고통에 대한 '메시지'를 알아내려고 애쓸 필요가 없다. 그러나 나는 성경에서 우리 대부분이 처했던 고통에 대해서는 쉽게 설명하는 곳을 보지 못했다.

왜 욥은 고난을 받았을까? 왜 그 남자는 눈이 먼 것을 견뎌야만 했을까? 왜 그 사람들은 무너지는 망대에 치였을까? 성경은 이런 질문에 대해 아무런 적절한 해답을 주지 않는다. 우리는 불완전한 세상에 살고 있고 모든 것이 우리가 바라는 대로 성취되지는 않는다. 어느 편이냐 하면, 욥기서는 해답이 인간의 이해 밖에 있다고 암시하고 있다. 이 세상에 있는 모든 것이 왜 그것이 작동하는 방식으로 작동하는지 그 이유를 이해하려는 것은 바보가 아인슈타인을 이해하려고 노력하는 것과 비슷하다.

일관되게 성경은 이 논쟁을 원인의 질문에서 반응의 질문으로 돌리고 있다. 우리가 고통 중에 있을 때에도, "하나님은 공평하실까?"라고 묻는다. "그것이 어떻게 보이든지 내 손 안에 있다"가 하나님의 유일한 대답이다. 그런 후에 그분은 우리에게 한 가지 질문을 하신다. "너는 나를 신뢰하느냐?"

하나님은 관심을 갖고 계실까?

고통 중에 일어나는 마지막으로 중대한 의심은 다른 것들과 미묘하게 다르다. 다른 질문들은 더 추상적이고 철학적이나 이 질문은 개인적이다. 왜 하나님은 필요할 때 나에게 더 많은 관심을 보여 주지 않으실까? 만일 그분이 나의 고통에 관심을 갖고 계시다면 왜 나로 하여금 그것을 알도록 해주지 않으실까?

루이스(C.S. Lewis)는 「고통의 문제」(*The Problem of Pain*)라는 고전적 작품을 썼다. 거기에서 그는 그리스도인이 고난받을 때 솟아나는 많은 의심들에 대해 확신 있게 대답했다. 수십만 명이 루이스의 책에서 위로를 받았다.

그러나 그 책을 쓴 지 몇 년 후에 그의 아내가 암에 걸렸다. 그는 그녀가 병원에서 쇠약해지고 그런 후에 죽는 것을 지켜보았다. 그녀의 죽음 후에 그는 고통에 관한 다른 책을 썼다. 이번에는 훨씬 더 개인적이고 감정적인 책이었다. 이 「슬픔의 관찰」(*A Grief Observed*)이라는 책에서 루이스는 이렇게 말하고 있다.

그런데 하나님은 어디 계실까. 이것은 가장 불안한 징후 중의 하나이다. 당신이 행복할 때는 너무 행복해서 그분이 필요하다는 생각이 들지 않는다. 만일 당신이 찬양으로 그분께 향하면 당신은 팔을 벌려 환영받을 것이다. 그러나 당신의 필요가 절실하고 다른 모든 도움은 소용이 없을 때 그분께 가면 당신은 무엇을 발견하는가? 오로지 당신 면전에서 문이 쾅 닫히고 안에서 이중으로 빗장을 잠그는 소리를 듣게 될 것이다. 그 다음은 침묵뿐이다. 당신은 돌아서는 것이 더 나을 것이다.

루이스는 하나님의 존재를 의심하지는 않았으나, 하나님의 사랑은 의심했다. 한 번도 하나님이 (그때보다) 더 멀리 있거나 무관심하게 보였던 적은 없었다. 하나님은 정말로 사랑하셨을까? 그렇다면, 그런 비통한 시간에 그분은 어디에 계셨단 말인가? 모든 사람이 루이스가 묘사한 자포자기의 감정을 느끼는 것은 아니다. 어떤 그리스도인은 그들이 비통한 시간에 하나님은 그들에게 특별히 살아 있는 존재가 되었다고 표현한다. 그분은 우리가 느끼는 고통을 초월하도록 도와주는 신비스런 위로를 주실 수 있다. 그러나 항상 그런 것은 아니다. 가끔은 그분이 완전히 침묵하시는 것

같다. 그 다음은 무엇을? 하나님은 어쨌든 그의 위로를 '**느끼는**' 사람만을 돌보시는 것일까?

나는 고통 중에 있는 많은 사람들에게 경험이 서로 다르다는 것을 깨달으라고 말해 왔다. 나는 얼마나 많은 사람들이 하나님과 가까워짐과 멀어짐의 경험을 했는지를 일반화할 수 없다. 그러나 하나님의 관심에 대한 두 가지 표현이 있는데, 그것은 도처에 있는 우리 모두에게 적용된다. 하나는 고통에 대한 예수님의 반응이다. 다른 하나는 자신을 그리스도인이라고 부르는 모든 사람과 관련된다.

루이스처럼 가장 신실한 그리스도인조차도 하나님의 개인적 관심을 의심한다. 그러한 시기에는 기도가 진공 속으로 던져지는 대사처럼 보인다. 우리의 의심을 잠잠케 하는 사랑의 하나님의 신비한 현현을 붙잡은 사람은 드물다. 그러나 우리는 최소한 이것, 즉 하나님이 고통에 대해 진실로 어떻게 느끼시는지를 실제로 희미하게 보고 있다.

예수 안에서 우리는 지구상에 있는 고통에 대해 하나님이 어떻게 반응하셨는지에 대한 역사적 사실을 갖고 있고, 따라서 하나님의 사랑을 의심하는 누구도 그분을 다르게 바라보아야 한다. 예수님은 인간의 고난에 대한 하나님의 세밀하고 개인적인 측면의 반응을 보여 주신다. 하나님과 고난에 대한 우리의 모든 의심은 사실상 우리가 예수님에 대해 알고 있는 사실을 통해 여과되어야 한다.

첫째, 하나님 자신이 고통을 담당하셨다는 놀라운 사실이 있다. 욥에게 세상을 창조하는 그분의 능력을 자랑하셨던 동일한 하나님이 그 세상과 또한 고통을 포함한 세상의 모든 자연법에 자신을 복종하기로 선택하셨다. 기독교 작가인 도로시 세이어즈(Dorothy Sayers)는 그것을 다음과 같이 설명했다.

하나님은 인간을 지금의 모습 ― 유한하고 고통당하고 슬픔과 죽음에 종속되는 모습 ― 으로 만들기로 선택한 모든 이유 때문에 자신의 쓴 약을 먹을 정직성과 용기를 갖고 계신다. 그분은 그의 피조물과 함께 하는 어떤 게임에도 그 자신의 규칙을 지키셨고 공정하게 게임을 하셨다. 그 자신이 인간의 온갖 경험, 즉 가정생활의 사소한 짜증, 힘든 일을 감당 못하는 한계, 돈의 부족에서부터 고통과 수치를 동반하는 최악의 공포, 패배, 절망 그리고 죽음까지 모든 것을 겪었다. 그분은 사람이었을 때 사람의 역할을 하셨다. 그분은 가난하게 태어나서 굴욕적으로 돌아가셨고 그것을 상당히 가치 있는 것으로 생각하셨다.

성경에서 가장 친숙한 구절인 요한복음 3장 16절을 보면 "하나님이 세상을 이처럼 사랑하사 독생자를 주셨으니 이는 저를 믿는 자마다 멸망치 않고 영생을 얻게 하려 하심이니라"고 말씀한다. 예수님이 이 땅에 오셔서 고난받고 돌아가셨다는 사실이 우리의 삶에서 고통을 제거하지는 않는다. 또한 그것은 우리가 위로받았음을 항상 느낄 것이라는 보장도 해주지 않는다. 그러나 그것은 하나님이 빈둥거리며 옆에 앉아서 우리가 홀로 고난받는 것을 구경하고 계시지 않는다는 사실을 보여 준다. 그분은 우리와 함께하셨고 지상에서의 그의 대부분의 생애 동안 우리보다 훨씬 더 많은 고통을 당하셨다. 그러면서 그분은 고통이 없는 미래의 세상을 가능하게 하는 승리를 거두셨다.

'동정'(compassion)이라는 단어는 함께 고난받는다는 뜻을 지닌 두 개의 라틴어에서 유래했다. 예수님은 자발적으로 이 세상에 오셔서 죄를 담당하셨을 때 가장 심오한 의미에서 동정을 보여 주셨다. 그분은 우리와 함께 우리를 위해 고난받으셨다.

예수님은 대부분 고난받고 있는 사람들 가운데서 지내셨다. 그들을 대하는 예수님의 태도를 보면 하나님이 고통에 대해 어떻게 느끼고 계신지를 알 수 있다. 예수님은 자신의 친구가 죽었을 때 우셨다. 매우 빈번히─직접 요청 받을 때는 언제든지─그분은 병든 자들을 고쳐 주셨다.

우리의 고통에 대해 하나님은 어떻게 느끼실까? 예수님을 바라보라. 그분은 마음이 상한 자에게 슬픔과 비애로 반응하셨다. 그분은 초자연적인 능력으로 다가가 고통의 원인을 치유하셨다. 예수님의 제자들이 "하나님은 관심을 갖고 계실까?"와 같은 질문으로 자신들을 괴롭혔을지 의문이다. 그들은 매일 예수님이 돌보신다고 보이는 증거를 갖고 있었다. 그들은 단지 예수님의 얼굴을 쳐다보았고, 그분이 지상에서 하나님의 사명을 수행할 때 그분을 지켜봤다.

그러나 예수님은 지상에 머물지 않으셨다. 오늘날 우리는 예루살렘까지 비행기를 타고 가서 차를 빌리며 그분과의 개인적인 약속을 예정할 수 없다. 오늘날 우리는 어떻게 해야 할까? 우리는 하나님의 사랑을 어떻게 느낄 수 있을까? 우리는 물론 우리 안에 계신 하나님의 이미지의 실제적 증거인 성령님을 모시고 있다. 그리고 우리는 하나님이 세상을 올바르게 하고 얼굴과 얼굴을 맞대고 우리를 만나시리라는 미래의 약속을 갖고 있다. 그러나 지금 당장은 어떻게 해야 할까? 우리는 무엇을 통해 지상에서 하나님의 사랑을 실제적으로, 시각적으로 재확신할 수 있을까?

그것은 진실로 하나님을 따르는 지상의 모든 사람을 포함하는 공동체,

즉 교회를 통해서 가능하다. 성경은 '그리스도의 몸'이라는 구절을 사용하고 있는데, 이 구절은 우리가 어떻게 행해야만 하는지를 표현하고 있다. 우리는 그리스도가 특별히 고통 중에 있는 자들에게 어떠했는지를 보여 주도록 부름받았다.

사도 바울은 다음과 같이 썼을 때 어느 정도 그 과정을 생각했음에 틀림없다. "(하나님은) 우리의 모든 환난 날 중에서 우리를 위로하사 우리로 하여금 하나님께 받는 위로로써 모든 환난 중에 있는 자들을 능히 위로하게 하시는 이시로다 그리스도의 고난이 우리에게 넘친 것같이 우리의 위로도 그리스도로 말미암아 넘치는도다"(고후 1:4, 5).

그리스도의 몸이 고난받고 있는 사람에게 어떻게 사역할 수 있는지를 이해하는 유일하고 좋은 방법이 있다. 그것은 행위로써 보여 주어야 한다. 나는 그것을 보았었다. 나는 당신에게 심각한 고통과 의심으로 살았던 사람 마르다(Martha)에 대해 이야기하면서 이 장을 마치려 한다.

내가 그녀를 처음 만났을 때 그녀는 26세의 매력적인 여인이었다. 그녀의 삶은 그녀가 ALS 혹은 루게릭(Lou Gehrig)이라는 병에 걸렸다는 것을 알게 된 날 완전히 바뀌었다. ALS병은 신경 통제력을 파괴한다. 그것은 처음에 팔과 다리, 다음에는 손과 발에 대한 통제력 같은 수의 운동(voluntary)에 침범한다. 그 병은 계속 부수의 운동(involuntary)으로 진행되어 마침내 호흡에 영향을 주어 죽음에 이르게 한다. 어떤 때는 사람의 몸이 재빨리 굴복하고, 어떤 때는 그렇지 않다.

마르다가 내게 자신의 병에 대해 처음으로 말했을 때, 그녀는 완전히 정상적으로 보였다. 그러나 한 달 후 그녀는 휠체어를 사용하고 있었다. 그녀는 어느 대학교 도서관에서 해고되었다. 다시 한 달 만에 그녀는 오른팔을 사용할 수 없었다. 곧 그녀는 두 팔 모두를 사용할 수 없었고 간신히 새 전동 휠체어에 달려 있는 손 조정 장치를 움직일 수 있었을 뿐이었다.

나는 재활 병원에 있는 마르다를 방문하기 시작했다. 그때마다 나는 그녀를 휠체어와 내 차에 태워 나오곤 했다. 나는 그녀가 당하고 있는 고난이 모욕적이라는 것을 알았다. 그녀는 모든 움직임, 즉 옷을 갈아입는 것, 머리에 베개를 받치는 것, 변기를 치우는 것 등에서 도움을 필요로 했다. 그녀가 울 때 다른 사람이 그녀의 눈물을 닦아 주고 그녀의 코에 화장지를 대주어야 했다. 그녀의 몸은 그녀의 의지에 완전히 반항했다. 그녀의 몸은 그녀의 어떤 명령에도 순종하지 않았다.

그녀와 나는 죽음에 대해, 기독교 신앙에 대해 이야기를 나누었다. 영생, 궁극적 치유, 부활에 대한 기독교인의 위대한 소망이 마르다와 같은 사람에게 제시될 때, 그것은 공허하고 덧없으며 빈약하게 들렸다는 것을 여러분에게 기꺼이 고백한다. 그녀는 천사의 날개가 아니라 옆으로 늘어지지 않는 팔과 침 흘리지 않는 입과 그녀를 주저앉지 않게 하는 허파를 원했다. 나는 영생, 고통이 없는 영생조차도 마르다가 느꼈던 고난과는 이상하게 어울리지 않음을 고백한다.

그녀는 물론 하나님을 생각했다. 그러나 그녀는 거의 그분을 사랑과 더불어서는 생각할 수 없었다. 그녀는 오로지 두려움이 아닌 사랑으로 하나님께로 나아갈 것이라고 주장하면서 어떤 임종 회심도 거부했다. 그러면 어떻게 그녀는 자신을 그렇게 고난받도록 허용한 하나님을 사랑할 수 있었을까?

그것은 ALS가 마르다의 몸 안에서 공포의 순환을 끝냈을 10월경에 확실해졌다. 그녀는 숨쉬는 데 아주 어려움을 겪었다. 뇌에 산소의 공급이 감소되었기 때문에 그녀는 대화 중에 잠드는 경향이 있었다. 가끔 밤에 그녀는 질식할 것 같은 공포로 잠이 깨곤 했으나 도움을 요청할 수 없었다.

마르다는 친구를 한 사람씩 초청해 작별 인사를 하고 그녀의 죽음과 타협할 시간으로 최소한 2주 동안 병원에서 나와 시카고에 있는 자기 아파트로 가기를 무척 원했다. 그러나 아파트에서의 2주일은 문제가 있었다. 그녀가 필요로 하는 24시간 연속 간호는 어떻게 받을 수 있을까? 어떤 정부 보조는 집이 아닌 병원에 있을 때 얻을 수 있고, 그것도 그녀가 겨우 목숨만이라도 유지하려면 필요한 집중적인 간호도 받을 수 없는 보조였다.

시카고에 있는 모든 단체 중 단지 한 단체만이 마르다가 필요로 하는 무료이면서 사랑이 깃든 개인적 간호를 제공했다. 그 단체는 에반스톤의 레바 기독단체(Reba Place Fellowship of Evanston)이다. 이 기독교 공동체는 마르다를 한 프로젝트로 채택하여 그녀의 마지막 소원을 성취시키기 위해 필요로 하는 모든 것을 지원했다. 16명의 부인이 그녀를 위해 자신들의 삶을 재조정했다. 그들은 팀으로 일을 분담하고, 그들의 자녀 양육을 서로 맡아 주고, 마르다의 집에 입주했다. 그들은 그녀와 함께 지내면서 그녀의 헛소리와 불평을 들어주었고, 그녀를 목욕시키고, 그녀가 똑바로 앉는 것을 도와주며, 그녀를 옮겨 주고, 그녀와 함께 밤을 지새웠으며, 그녀를 위해 기도하고, 그녀를 사랑했다. 그들은 필요할 때 도울 준비가 되어 있었다. 그들은 그녀에게 시간을 내주었고, 그녀의 고통에 의미를 부여했다. 마르다에게 그들은 하나님의 몸이 되었다.

레바 기독단체 부인들은 또한 마르다에게 기독교인의 소망을 설명했다. 마침내 하나님의 몸, 즉 마르다 주위에 있는 사람들 가운데 구체화된 하나님의 사랑을 본 후에, 비록 하나님이 그녀에게 동정적이지 않고 심지어 잔인하게 보였었지만, 마르다는 그리스도 안에 있는 그 하나님께로 나아왔다. 그리고 그녀는 그녀를 위해 돌아가신 그분에게 신뢰 속에 자신을 드렸다. 그녀는 두려움 가운데 하나님께 나온 것이 아니었다. 그녀는 드디어 그분의 사랑을 발견했던 것이다. 레바 기독단체 부인들의 얼굴에서 그녀는 하나님의 사랑을 읽을 수 있었다. 그녀는 에반스톤의 매우 감동적인 어느 예배 중에 허약했지만 간증을 하고 세례를 받았다.

1983년 추수감사절 바로 전날 마르다는 죽었다. 쭈글쭈글하고 기형적인 그녀의 몸은 애처롭게 이전의 아름다움을 띠고 있었다. 몸이 마침내 그 구실을 그만 두었을 때, 마르다는 그 몸을 남기고 죽었다.

그러나 마르다는 오늘 새 몸으로, 즉 온전함과 승리 가운데 살아 있다. 그리스도가 이기신 승리 때문에, 그리고 그녀에게 승리를 알려 준 그리스도의 몸인 교회 때문에 그녀는 살아 있다. 그녀는 고난을 통해서 하나님을 만났다. 왜냐하면 하나님이 참으로 어떠하시다는 것을 알게 된 것이 바로 그 고난의 기간 동안이었기 때문이다. 그녀 주위에 있던 그리스도인들의 동정과 사랑 속에서, 그녀는 하나님 그분의 사랑과 동정을 보았다. 그래서 하나님에 대한 그녀의 의심은 점점 사라져 갔던 것이다.

당신은 당신에게 **맞지 않는 규칙**들을 따라야만 한다

훈련을 통해 보다 큰 힘이 생긴다.

당신은 당신에게 맞지 않는 규칙들을 따라야만 한다

훈련을 통해 보다 큰 힘이 생긴다

많은 새 신자에게 하나님과 관계를 맺는 일은 하나님으로부터 사랑과 용서를 얻는 한에서는 좋다. 그러나 그들은 교회에 다니면서 자신들이 하고 싶은 몇 가지 일들이 거부당하는 것을 알게 된다. 그들은 성경을 읽기 시작하면서 돈, 가족, 시간, 기타 많은 것들과 관련된 명령에 직면한다. 그들은 술 취해서는 안되며, 결혼 때까지 성 관계를 기다려야 하며, 그들의 부모에게 마땅히 순종해야 할 것을 발견한다. 그러한 것들은 성문율이다. 명령들은 거기서 끝나는 것이 아니다. 하나님께 기도할 때 새 신자들은 하나님이 그들을 변화시키고 싶어하신다는 뚜렷하면서도 거북스런 느낌을 받게된다.

이 점에서—이후로는 아주 많은 점에서—신자들은 하나의 결단에 직면한다. 그들은 복종할 것인가? 그렇지 않으면 그 문제를 피할 것인가? 그리 많지 않은 사람들만이 직접적으로 솔직하게 털어놓는다. "나는 그런 규칙들에 순종하고 싶지 않아요. 나는 나 자신의 삶을 꾸려 나가는 것을 더 좋아합니다. 내 남자 친구, 여자 친구와 무엇을 하든 그것은 내 소관입니다. 나는 내 친구들을 선택했고, 그들은 나에게 가장 중요한 존재들입니다. 나는 나 자신이 되는 것을 좋아하기 때문에, 나는 곧 내가 존재하는 방식입니다. 만일 하나님이 나를 변화시키고 싶어하신다면, 그분은 나를 올가미에 매어야 할 것입니다."

그러나 많은 사람들은 침묵으로 결국 그렇게 말하는 것과 같은 결단을 내린다. 그들은 계속 그들이 하고자 하는 것을 한다. 그리고 점차적으로 거의 보이지 않게 그들의 믿음은 사라져 간다. 그들은 기독교적인 활동을 계속할지도 모른다. 그러나 그것은 단지 표면상일 뿐이다. 대학에 들어가거나 새 도시로 이사를 가거나 일 때문에 바쁠 때 그들은 종종 믿음에서 완전히 떨어져 나간다. 사람들은 사실상 읽은 훨씬 이전에 일어났는데, 그때 무슨 일이 일어났는지를 알고 싶어한다.

부모나 이웃의 간섭에 화를 내는 우리는 자연히 하나님의 간섭 또한 원하지 않는다. 이것이 어떤 이들이 결코 하나님의 말씀을 경청하지 않는 이유다. 그들은 성경을 2천 페이지에 달하는 십계명이라고 생각하고는 그들의 마음을 닫아 버린다.

실제로, 성경에는 상대적으로 적은 계명이 들어 있다. 모든 규칙에는 시문, 역사, 전기, 신학의 기록들이 있다. 그러나 하나님은 수십 가지 주제에 대해 우리에게 줄 충고를 갖고 계시며, 그것을 가능한 한 가장 권위 있는 방법으로 전달하셨다는 사실을 피할 수는 없다. 그분은 "이것을 하라, 그렇지 않으면 죽으리라"고 말씀하신다. 당신은 얼마나 독단적인 것을 이해할 수 있을까? 개인주의적인 세상에 살고 있는 많은 사람들은 일종의 단호한 권위에 자신을 굴복시키는 것을 상상하지 못한다. 그들은 왜 그래야만 하는가? 당신이 보지도 못하고 잘 알지도 못하는 사람에게 당신의 자율성을 굴복시킨다는 것은 사리에 맞는 일일까?

이것은 나의 문제이기도 하기 때문에 나는 이것을 심각한 반론으로서 인식한다. 나는 하나님의 말씀이 나와 부합되는 한 그것을 좋아한다. 그러나 불행하게도 그것이 항상 부합되는 것은 아니다.

성경에 나와 있는 규칙과 관련된 내 문제는 단순한 한 사실로 간추릴 수 있다. 나는 무엇을 하라는 소리를 듣고 싶어하지 않는다. 나는 물론 다른 사람에게 해줄 많은 충고를 갖고 있다. 당신에게 이를 닦는 최상의 방법부터 당신이 좋아했던 영화를 계속 지지했어야 했다는 의견까지 모든 것에 대해 충고를 한다면 나는 행복할 것이다. 그러나 다른 사람이 나에게 충고하려고 하면 나는 뻣뻣해진다.

나는 시에라 네바다(Sierra Nevada) 지역을 배낭여행하면서 이 문제를 깨달았다. 동행자 중 세 명은 나만큼 고집이 세었다. 우리는 일 주일 간의 아주 즐거운 하이킹을 했지만 많은 말다툼도 있었다. 만일 내가 하룻밤 지내기에 멋진 장소로 어느 나무 밑을 선택하면, 그렉은 재빨리 그 곳은 아침 햇살을 많이 받지 못한다고 지적하고, 스티브는 그 곳은 물이 있는 곳에서 멀다고 하고, 데이브는 노숙하기 전에 몇 마일을 더 하이킹해야만 한다고 말하는 식이었다.

일단 텐트를 치면 우리 각자는 자신이 얼마나 많은 일을 했는지 정확히 알고 있는 것처럼 보였다. 만일 데이브가 이번에는 그렉이 그릇을 씻을 차례라고 말하면, 그렉은 곧 자신은 이미 땔감을 주워다가 불을 지폈다고 말한다. 주제가 생길 때마다—어디서 야영을 할 것인지, 무엇을 요리할 것인지, 어느 방향으로 하이킹을 할 것인지—여러 개의 확신 있는 견해가 나왔다. 나는 그것에 대해 많이 생각하지 않았다. 그것은 당신이 나처럼 다른 사람들과 하이킹할 때 겪는 바로 그 모습이다. 우리는 충고하기를 좋아하고 충고받기는 싫어한다.

여행한 지 며칠 후 어느 높은 화강산의 기슭에 자리잡은 조그마한 얼음 낀 푸른 냇가에서 야영을 할 때, 나는 마크에 대해 이상한 것을 알아차렸다. 그는 우리와 같지 않았다. 나머지 사람들이 바쁘게 충고하고 자신들이 얼마나 옳은지 증명하기 위해 논리적으로 형식화하여 말하는 동안, 마크는 거의 아무 말도 하지 않았다. 그는 어떤 제안을 할 때 조용히 말했다. 그럼에도 불구하고 이상하게 그의 제안에는 다른 네 명의 비웃는 소리나 다른 의견이 나오지 않았다. 그들은 침묵하거나, 아니면 그가 제안한 것을 실행하려고 분주하게 움직였다. 마크는 신비스런 힘을 갖고 있는 것처럼 보였다. 그는 우리로 하여금 자신이 말한 것을 따르고 싶어하도록 만들 수 있었다.

나는 그의 힘이 무엇인지 오랫동안 깊이 생각했다. 그리고 마침내 해답을 찾았다. 우리는 그가 어떤 종류의 사람인지 알기 때문에 그에게 화를 내지 않고 반응했었다. 우선, 그는 혀의 즐거움을 위해 충고하지 않았다. 그는 말하기 전에 자신이 말하려고 하는 것에 대해 깊이 생각했다. 그래서 그의 제안은 거의 어김없이 현명했다. 왜 다른 견해들과 논쟁하면서 시간을 허비하는가? 마크는 좋은 충고를 한다는 신뢰를 얻을 수 있었다. 그는 말할 때 이미 그 상황을 충분히 생각했던 것처럼 보였다.

물론, 좋은 충고가 항상 듣기에 즐거운 것은 아니다. 하루 종일 하이킹해서 지친 다리로 텐트를 치기 위해 서 있어야 한다는 것은 고역이다. 일물이 훨씬 지나 얼어붙은 개울에서 그릇을 씻기 위해 벌떡 일어서는 사람은 아무도 없다. 그러나 어쨌든 마크의 달갑지 않은 제안들은 따르기가 훨씬 쉬웠다. 왜냐하면 우리는 마크가 자신은 하지 않으려는 일을 결코 제안하지 않는다는 것을 알기 때문이다. 그는 결코 일을 하지 않으려고 한 적이 없었다. 만일 일이 우리가 예상했던 것보다 더 어렵다는 것이 판명되면, 그는 끼여들어 돕곤 했다. 그는 우리가 '공정하게 분배된 일'을 하느라 꼼짝 못할 때 결코 모닥불가에서 빈둥거리지 않았다.

근원을 고려하라

만일 당신이 하나님이 어떤 분이신지를 이해한다면, 마크의 충고처럼 하나님의 충고를 받아들이기가 훨씬 쉽다. 우선 그의 충고는 임의적이지 않다. 우리는 마크가 사려 깊고 현명해서 임의대로 의견을 내놓지 않기 때문에 그의 말을 경청했다. 만일 그것이 마크의 말을 듣는 것을 훨씬 쉽도록 만들었다면 왜 하나님은 안 되는가? 그분은 우리가 살고 있는 세상을 만드셨다. 그분은 당신을 만드셨다. 그분보다 당신의 상황을 더 잘 이해하는 사람은 아무도 없다. 만일 당신이 그분의 조언을 받아들일 수 있다면, 왜 당신은 스스로 모든 것을 이해하려고 고집하는가?

나는 이것을 특별히 성(sex)과 관련해서 생각했다. 사람은 성에 대한 하나님의 관점에 맞서서 아주 훌륭한 논쟁을 할 수 있다. 나는 성이 유쾌하고 해가 없는 즐거움이라고 믿고 싶어하는 사람을 논리적으로는 이길 수 없다. 특히, 피임약이 만들어진 후 처음 몇십 년 동안은 많은 똑똑한 사람들이 성생활을 한 파트너에게 제한하는 것을 말채찍으로 차를 운전하는 것만큼 구태의연한 것이라고 확신했다. 그러나 경험을 통해 하나님의 관점이 우리의 관점보다 더 현명하다는 것을 알았다. 에이즈(AIDS)세대, 포진(herpes), 미국에서의 매년 2백만의 낙태, 수많은 가정 파괴, 고독과 성적 좌절의 확대를 보면서 나는 "내가 하나님의 관점을 이해하지 못할 때조차 그분을 경청하는 것이 더 낫다"고 주장하는 것이 훨씬 더 안전하다고 느낀다.

그 다음으로, 마크는 가장 힘든 일을 결코 피하지 않았기 때문에 그의 충고를 경청하기가 보다 쉬웠다. 하늘에 앉아서 인간 존재에 따라다니는 끔찍한 유혹과 좌절과 고난을 겪지 않는 하나님으로부터 충고를 받는 것은 어려울 것이다.

"그분은 좋은 충고를 주신다. 그러나 그분 자신이 그것을 받아들일 수 있을까?"라고 항의하는 조소를 들을 수 있다. "그분은 할 수 있다"는 것이 그 대답이다. 하나님은 가장 힘든 일을 피하지 않으셨다. 그분은 예수 안에 오셔서 우리의 모든 유혹에 직면하셨고 할 수 있는 가장 잔인한 죽음으로 돌아가셨다. 그러나 그분은 자기 자신의 충고를 정확히 받아들이셨고 완전한 삶을 사셨다. 그분은 자신이 하지 않거나 할 수 없는 것을 당신에게 요구하지 않으신다.

그럼에도 불구하고 당신은 하나님의 충고가 매우 어렵다는 사실을 피할 수 없다. 예를 들어, 그분은 내 이웃을 나 자신을 사랑하는 것같이 사랑하고, 형제를 끝없이 용서하고, 다음 일거리가 어디서 나올 것인지 절대 염려하지 말라고 말씀하신다. 아마 예수님은 그렇게 하실 수 있을 것이나, 나는 그렇게 할 수가 없다.

차이점의 원인은 이것이다. 마크처럼 하나님도 나에게 일의 목록만 넘겨주고 그것을 나 혼자 하도록 내버려두지 않으신다. 그분은 나를 도와주신다. 마크보다 (하나님은 훨씬 더 막강하시기 때문에) 하나님은 내가 그것을 하는 것이 가능하도록 만드실 것이다. 그분의 도움 없이 그분의 명령들은 불가능하다. 그분에게 의지할 때 나는 당위적인 삶을 살 수 있다.

따라서 그분의 명령들은 가혹한 요구가 아니라 약속으로 읽혀진다. 그분은 "돈을 염려하지 말라"고 말씀하신다. 이 말에는 "나는 너의 필요를 채워 주겠다. 나는 네가 긴장을 풀고 나를 신뢰하는 것이 가능하도록 해주겠다"라는 뜻이 행간에 쓰여 있다.

이것은 내가 하나님으로부터 충고를 얻을 때 온전히 기쁘다는 것을 의미하지 않는다. 나는 고집스런 사람이다. 나는 다른 사람의 말을 듣지 않고 내 방식대로 일을 처리하는 것을 좋아한다. 그러나 나는 어떤 사람의 충고는 받아들일 만한 가치가 있음을 알게 되었다.

신앙이 없는 권위자의 명령에 대해서는?

나의 기독교적 생활 속에서 부딪혔던 또 다른 문제가 있다. 충고는 때때로 부모, 교사, 동료, 사장 등 신앙이 없는 사람들로부터 올 수 있다. 하나님으로부터 충고를 듣는 것과 흠이 있고 종종 엄격한 사람들로부터 충고를 듣는 것은 전혀 별개의 것이다. 아버지가 기분이 좋지 않아서 아들에게 데이트를 취소하고 집안 일을 거들라고 명령한다고 가정해 보자. 그 아들은 그런 터무니없는 요구에 순종해야 하는가?

그러나 성경 곳곳에 부모의 권위를 명확히 하는 구절이 있다. "자녀들아 모든 일에 부모에게 순종하라"(골 3:20). 하나님은 또한 다른 권위들에 대한 충성도 요구하신다. "각 사람은 위에 있는 권세들에게 굴복하라 권세는 하나님께로 나지 않음이 없나니 모든 권세는 다 하나님의 정하신 바라"(롬 13:1). 하나님은 민감하시고, 전지(all-knowing)하시며, 유용한 충고를 하시는 분이다. 그러나 권세가들은 다르다. 그들은 때때로 자신들이 무엇을 말하고 있는지를 전혀 모르면서 단지 그들이 원하는 것을 당신으로 하여금 하게 할 수 있다는 것을 증명하고자 명령을 내린다. 왜 그들의 시비에 굴복해야만 하는가? 그것이 최선의 것이 아님을 알고 있는데 왜 충고를 받아들여야 하는가?

이에 대한 대답을 하기 전에, 나는 우리가 어떤 명령에 대해 말하고 있는지 그것을 확실히 하고자 한다. 우리는 우리보다 위에 있는 권위가 권위 상 위에 있는 **동안에** 그에게 굴복해야 한다. 학생은 그가 학교에 있는 동안 선생님께 순종해야 한다. 이는 그 사람이 어른이거나 교사이기 때문이 아니라 교사는 학교에서 책임을 맡은 자이기 때문이다. 만일 졸업 후에 교사가 학생에게 무엇을 하라고 시킨다면 순종할 필요가 없다. 그 학생은 모든 사람을 존경해야 하기 때문에 자신의 선생님을 존경해야 한다. 그러나 순종할 의무가 있는 것은 아니다.

사장에 대해서도 마찬가지다. 당신이 그들을 위해서 일하는 동안은 순종하라. 만일 당신이 그 회사를 그만 두었다면 순종할 필요가 전혀 없다. 사장이 당신보다 뛰어나거나 혹은 반드시 더 재치가 있거나 통찰력이 있는 것은 아니다. 그는 단지 사장일 뿐이다. 누군가는 사장이어야 한다.

이것은 부모에 대해서도 사실이다. 어떤 사람은 성경을 과장하여 당신이 항상, 평생 동안 부모에게 순종해야 한다고 말한다. 그러나 성경은 그렇게 말하지 않는다. 성경은 "자녀들아(Children), 부모에게 순종하라"

고 말한다. 그것은 모든 연령층의 사람들이 부모를 존경하고 경의를 표하지만, 오직 아이들에게만 순종하라고 명령되고 있음을 말한다. 나는 그것을 당신이 그들의 지붕 밑에 살고 있고 그들의 살림에 의존하여 사는 한에서 순종하라는 것으로 해석한다. 그러나 자신의 삶을 이룰 때가 오면 당신은 그들이 말한 것을 행할 책임이 없다.

권위는 과연 필요한 것인가?

그러나 도대체 왜 순종해야 하는가? 여기에는 네 가지 훌륭한 이유가 있다

1. 권위에 순종할 때 하나님께 순종하는 것이다

하나님은 그대로 받아들이기 쉬운 충고를 하는 일종의 충고자이시다. 여기에 그의 충고 한 마디가 더 있다. 위에 있는 권세자에게 순종하라. 그들이 훌륭하기 때문이 아니라 하나님께서 당신에게 요구하셨기 때문에 그들에게 순종하는 것임을 꼭 기억하라. 당신은 그들의 권위가 아니라 하나님의 권위에 따르고 있는 것이다. 그분은 자신이 하기 싫은 것을 당신에게 하라고 시키지 않으신다(예수님은 규칙을 따르는 것이 권세자들이 자신을 부당하게 죽이는 것임을 알았음에도 불구하고 그렇게 하셨다).

2. 누군가 명령을 내려야 한다. 그렇지 않으면 우리는 혼란 속에 살게 될 것이다

어느 때는 당신이 당신에게 명령을 내리는 사람보다 더 많이 알지도 모

른다. 그러나 당신은 결정이 이루어져야 하는 모든 시간에 의회 토론을 계속할 수가 없다. 누군가는 비록 그가 결정을 잘못하더라도 결정해야만 한다. 100퍼센트 옳은 방법으로 움직이는 것보다 움직이는 것 자체가 더 중요할 때가 있다.

  교사는 단지 당신만이 아니라 전체 학급에 주의를 기울여야 한다. 부모는 전 가족을 위해 광범위하게 결정의 결과를 생각해야 한다. 사장의 임무는 모든 사람의 일이 서로 잘 조화를 이루도록 확인하는 것이다. 그는 당신의 일을 계속 무시할지도 모른다. 그러나 나는 그가 당신의 일이 다른 모든 사람의 일과 어떻게 관련되는지 당신보다 더 잘 이해하고 있다고 본다. 당신은 지금까지 살았던 누구보다 햄버거를 잘 구울 수 있을지도 모른다. 그러나 만일 당신이 그것을 포장하는 사람이 다룰 수 있는 것보다 더 많이 만들어 낸다면, 당신의 속도를 늦추게 하는 것은 사장의 소관이다.

  사장이나 부모 혹은 교사는 모든 일을 잘 조정하는 일에 실패할지도 모른다. 그러나 시도하지 않는다면, 그는 어떻게 배울 것인가? 만일 당신이 무정부를 고집한다면, 일들은 결코 개선되지 않을 것이다.

3. 모든 사람은 일시적으로 권위 아래 있다

  권위는 일이 발생하도록 하는 것이다. 그것은 자동차의 '클러치'이다. 그것 없이는 결코 작동이 엔진에서 바퀴까지 도달하지 않을 것이다. 식당에 가면 당신은 여직원의 '권위' 아래 있게 된다. 그녀는 접수하고, 당신에게 앉을 곳을 말해 주고, 당신에게서 돈을 받는다. 만일 당신이 일어서서 당신 스스로 주문한 것을 받으려고 한다면, 그녀는 당신에게 앉으라고 말할 것이다. 그녀가 옳을 것이다. 모든 사람은 여직원, 교사, 가게 점원,

교통 순경, 혹은 내국세 수입국(Internal Revenue Service)으로부터 명령받는 것을 배워야 한다.

4. 권위는 지킬 필요가 있는 체계를 보호한다

 나는 순종이 쉽다고 말하는 것이 아니다. 가끔 당신은 정말로 거슬리는 사람의 권위 아래 놓여 있을 수 있다. 당신은 그 사람을 존경할 수 없다. 그래서 당신은 어떻게 할 것인가? 권위가 절대적인 곳인 군대에는 다음과 같은 속담이 있다. "만일 당신이 그 사람에게 경례할 수 없다면 그 군복에 경례하라." 당신은 그 사람을 존경할 필요가 없다. 그러나 그가 지니고 있는 지위를 무너뜨리지 않도록 충분히 그것을 존경해야 한다. 언젠가 당신은 아마 동일한 지위로 승진할지도 모른다. 당신은 그것이 여전히 어떤 권위-당신이 내리는 모든 결정을 '증명할' 필요가 없는 권위-를 갖고 있기를 희망하는 편이 낫다.

 가족을 예로 들어보자. 나는 이 세상에 훌륭한 가정보다 더 중요한 것은 없다고 생각한다. 만일 당신이 동의하지 않는다면 악한 가정이나 가족이 전혀 없는 사람을 찾아 보라. 그들은 자신들의 전 생애 동안 문제들을 지니고 있기가 쉽다.

 그러나 당신의 아버지가 정말로 독재자처럼 군림한다고 가정해 보자. 당신은 성장해서 좋은 것을 찾아 떠나기 전에 두 가지 선택이 있다. 당신은 그에게 반항하고 인생의 매 단계마다 그와 다투고 그가 내리는 좋지 않은 판단을 정정할 수 있다. 결과적으로 당신은 아마 꽤 많은 불쾌한 일을 할 필요가 없을 것이다. 반대로 당신의 '가정'은 더 이상 가정일 수가 없을 것이다. 당신은 생존하겠지만, 가정은 그렇지 않을 것이다. 당신은 단지 한 지붕 밑에 살고 있는 사람들 중 한 수집물에 불과할 것이다.

다른 선택은 문자대로 "네 원수를 사랑하라" – 이 경우에는 당신의 아버지 – 는 그리스도의 충고를 받아들이는 것이다. 당신의 아버지를 존경할 만하기 때문이 아니라 당신의 아버지이기 때문에 존경하기를 결심하라. 그에게 순종할 뿐만 아니라 심지어 마치 그가 진실로 좋은 아버지인 것처럼 그에게 행동하려고 노력하라. 그것은 그의 조언을 구하고, 그의 견해를 듣고, 그를 방어의 대상으로 생각하지 않는 것이다. 당신은 사람이 아니라 군복에 경례한다. 당신은 그를 아버지로서 대접한다. 그러면 당신은 생존할 것이다 – 순종은 당신을 죽이지 않을 것이다. 당신의 가정 역시 생존할 것이다. 그리고 일단 당신의 아버지가 수세에서 벗어나면 그는 어쨌든 관대해질 것이라는 가망이 유력하다.

우리는 너무 쉽게 문제에 익숙해진다. 우리는 마치 문제 있는 가정이 정상적인 것처럼 행동한다. 누구에게든 최선은 '살아 남는 것'이 되었다. 우리는 이혼 통계를 보고 "결혼은 아무 소용이 없어"라고 말한다. 우리는 이 시대에 존재하는 악한 부모들을 보면서 "가족 구조는 아무런 영향을 끼치지 못해"라고 말한다. 그러나 절대로 그렇지 않다. 그것들은 물론 쉽게 영향을 끼치지는 않는다. 그러나 영향을 **끼칠 수도 있다**. 하나님의 도우심으로 우리는 권위 아래 들어가기를 어렵게 만드는 이기심과 죄성의 조류를 뒤바꿀 수 있다. 그러나 결혼에 대해 혹은 가정에 대해 포기하면 우리가 영향을 끼칠 아무런 대상(raw material)이 없게 된다. 나는 가정 문제가 '군복에 경례하는 것'을 가치 있는 행동으로 만들기에 족한 것이라고 생각한다.

순종에 관한 두려움을 극복하는 것

사람들은 충고를 받아들일 때 두 가지 근심을 갖고 있다. 첫째로 그들은 정말로 잘못된 것에 순종할까봐 걱정한다. 결국 히틀러의 부관들은 그들이 죄 없는 유태인들을 죽였을 때 단지 명령에 순종했던 것이 아닌가? 그들은 스스로 생각해서는 안 되었을까?

아니, 그들은 그랬어야 했다. 그러나 여기에 중요한 차이점이 있다. 그들은 독단적으로(by themselves)가 아니라 스스로(for themselves) 생각했어야 했다. 그들은 그들 자신의 의견으로 히틀러의 명령을 판단해서는 안된다. 그들은 그의 명령-또한 그의 권위-을 하나님이 주신 명확한 기준으로 판단할 수 있었다. 하나님은 결코 권위-부모, 통치자, 교사, 사장-를 세워서 "너희가 원하는 것은 아무 것이나 하라"고 말씀하시지 않는다. 그분은 권위에 엄격한 한계를 두셨다. 히틀러가 하나님이 그에게 주신 권위를 넘어설 때, 그리스도인들은 그에게 불복종했어야 했다.

당신의 생애 가운데 고용주 같은 사람이 당신에게 성경에서 명확히 잘못된 것이라고 말하는 것을 하라고 요구할 때가 여러 번 있을 것이다. 그에게 반대하고 또한 하나님이 그에게 주신 일종의 권위로 돌아가도록 그를 고무하는 것이 당신의 책임이다. "당신은 지독한 사장이어서 당신 일을 인계받으려 한다"라고 말하지 말고, 오히려 "나는 가능하면 당신이 하나님께서 당신에게 원하시는 그런 종류의 사람이 되기를 원한다"라고 말하라.

신약에서 정부는 항상 존경받았다. 그러나 정부가 그리스도인들에게 예수님에 대해 말하는 것을 허락지 않음으로써 그 경계를 넘어섰을 때, 그리스도인들은 단순히 "이것은 당신의 권리가 아니다. 당신은 하나님과 정반대 편에 서 있다. 우리가 바칠 최우선의 충성은 그분께 있다"라고 말했다.

사람들이 갖고 있는 두번째 근심은, 순종을 통해서 사람이 벌레같이 되지 않을까 하는 것이다. 이것은 나에게 심각한 질문을 가져왔다. 왜냐하면 많은 사람들이 그들의 집, 학교 혹은 직장에서 오트밀(oatmeal)의 색깔과 농도처럼 인격이 으깨진 채 나오기 때문이다. 하나님은 이것을 요구하지 않으신다. 그분은 스스로 생각할 수 없는 사람, 독립심이나 원기가 없는 사람을 찾지 않으신다.

그러나 내가 믿기로 권위는 필연적으로 기생충 같은 사람을 산출하는 것이 아니다. 사실, 나는 강하고 독립적인 성격을 지닌 대부분의 사람들이 그들의 특성을 그들에 대해 책임이 있었던 강하고 독립적인 사람-아마 힘이 있는 어머니나 활기 있는 교사 같은-의 본보기를 통해 발전시켰으리라 추측했다. 나는 대부분의 기생충 같은 사람들은 힘있는 권위에 의해서가 아니라 혼돈되고 사랑이 깃들이지 않은 상황에 의해서 만들어진다고 생각한다. 혼란이 가정, 학교, 직장을 지배하고 사람이 그 틈에서 길을 잃어버렸을 때, 그들은 하나님이 그들을 위해 원하시는 전 인격을 도둑맞을 수 있다. 권위와 훈련(discipline)은 본질적으로 인격을 파괴하지 않는다.

성경을 읽어 보라. 강인한 인물들이 성경 곳곳에 빛나고 있다. 그들의 삶은 역사를 변화시켰다. 그들은 아무 것도 두려워하지 않았다. 성경의 모델들은 놀랍게도 하나같이 다른데, 그들에게는 한 가지 유사점이 있다. 그들은 하나님께 순종했다. 그들은 그분의 권위 아래서 살았다. 그 결과, 그들의 강한 성격들은 약해지지 않고 강화되었다.

순종에 대해 성경은 전투를 위해 훈련된 병사를 모델로 하고 있다. 병사는 군대의 틀 안에서, 훈련하지 않으면 성취될 수 없는 것을 성취하기 위해 훈련하는 것을 배운 강한 사람이다. 만일 당신이 그리스도인이라면, 이것은 당신 인생의 이야기다. 당신은 먼저 강해질 필요가 있다. 하나님은 당신을 강하게 만들기 위해 그리스도인으로서의 당신 안에 사신다. 그러나 그런 다음에 당신은 그 힘을 이용해야 한다. 즉, 하나님의 권위에 순종하고 가정, 직장, 정부, 학교의 구조 내에서 일하면서 그 힘을 어떤 강력한 선을 위해 좋은 가정을 만들고, 좋은 학교를 만들고, 일하기에 좋은 장소로 창조하는 것에 초점을 맞추어야 한다. 당신은 당신 자신을 위해 일하는 것이 아니다. 당신은 하나님을 위해 일하는 것이다. 그분의 충고는 항상 받아들일 만한 가치가 있다.

보이지 않는 것을 믿는다는 것은 어렵다

예수님 없는 세상을 믿기란 더욱 어렵다.

보이지 않는 것을 믿는 다는 것은 어렵다

예수님 없는 세상을
믿기란 더욱 어렵다

 나는 몇 명의 기이한 … 정말로 기이한 그리스도인들을 특히 대학에 있을 때 만났다. 사무엘이라고 불리는(그는 자신을 결코 샘이라고 부르지 못하게 했다) 남자는 테니스를 잘 쳤다. 그는 테니스를 약간 영적인 것이 아니라고 생각했기 때문에 그를 테니스장에 끌어들이려면 살살 달래야 했다. 테니스장에서 그는 악마였다(그는 이렇게 부르는 것도 결코 허락하지 않았다). 백핸드로 강하게 내리치고, 높게 곡선을 그리면서 정확히 로빙하고, 머리 위로 공을 꽝 하고 강타한다.

 함부로 지껄이는 대신에, 사무엘은 공을 마구 치기 바로 전에 외칠 기독교적으로 들리는 좋은 단어를 아껴 둔다. 네번째 서브마다 몸의 왼쪽은 보통 때보다 더 경사지게 아치형을 이루고, 공을 더 높이 올리고, 그의 발은 땅에서 떨어진다. 그의 팔이 볼을 강타하기 위해 오른쪽으로 획 움직이기 직전에 그는 큰 소리로 "루야!"(Lujah)라고 으르렁거리며 외쳤다.

나는 아직도 '루야'라는 단어를 생각할 때 몸서리가 쳐진다. 아마 사무엘은 그것을 하나님에 대한 그의 믿음의 표현으로 간주했으리라. 그러나 내게는 그것이 씽 하는 소리와 함께 네트를 건너와 내 얼굴을 칠지도 모르는 미사일 같은 공을 피하라는 마지막 경고처럼 들렸다. 비록 사무엘은 매우 기이했지만 그의 신들린 테니스 솜씨로 인해 거의 모든 사람에게 존경을 받았다.

브라이언은 그 반대다. 그는 모든 사람의 농담의 대상이었다. 그는 약 195cm의 키에 50kg의 몸무게를 지녔다. 아마도 그의 키를 지탱할 만한 힘이 없었기 때문인지 그는 마치 성장 시기에 등에 무거운 짐을 졌던 사람처럼 어깨를 앞으로 구부정하게 굽히고 걸었다. 브라이언은 수줍어하며 부드럽게 말했으며, 또한 그의 얼굴은 창백하고 허약해서 당신도 그를 보면 마음 속으로 그를 귀신처럼 묘사하지 않을 수 없을 것이다.

요점으로 돌아오면, 브라이언은 성구를 암송하면서 그의 발꿈치를 들고 뒤로 걸어가는 습관이 있었다. 그것은 사실이다. 밤마다 그는 하얀 방한복을 입고 1마일을 큰 걸음으로 조깅한 다음, 가로등 아래서 원을 그리며 뒤로 걸으면서 땀을 식혔다. 그것은 섬뜩한 장면이었다. 브라이언의 앞으로 굽은 몸이 가로등의 희미한 빛 주위를 덜컹거리고 뒤로 움직이면서 카드에 적힌 성구를 중얼거리며 뚫어져라 보는 모습이란 끔찍했다.

나는 내가 알고 있는 모든 그리스도인이 사무엘이나 브라이언처럼 기이한 것은 아니라는 사실을 인정한다. 그러나 마치 그들의 "루야"라고 소리치고 뒤로 걸으면서 성구를 암송하는 것이 그들을 특별반으로 올려 주기나 한 것처럼, 그리스도인들 가운데 두 사람에게 특별 대우가 주어졌다. 내가 다닌 기독교 대학에서 대부분의 사람들은 그들이 다른 사람들보다 훨씬 '영적' 인 것으로 생각했다. 그들을 알면서부터 나는 계속해서 "이것이 하나님이 원하시는 것일까?"라고 자문했다.

그러나 그 대학의 모든 그리스도인들은 굉장한 금발의 데비에서부터 수학 전문가인 조지까지, 처음에는 어느 점으로나 사무엘, 브라이언의 기행만큼 기이한 것처럼 보이는 동일한 특성들이 있었다.

기도를 예로 들어보자. 내가 알고 있는 그리스도인들은 모든 것을 기도에 대한 응답처럼 보이기 위해 사건들을 왜곡했다. 만일 삼촌이 등록금 외에 25달러를 여분으로 보냈다면, 그들은 싱글거리며 소리치고 그것을 하나님께 감사하기 위해 기도회를 소집한다. 야간 활동을 끝내고 몇 명이 캠퍼스에서 자고 있는 동안, 열성적인 그리스도인들은 기도회를 위해 아침 6시 30분에 그들의 방을 몰래 빠져나간다.

그들은 이 '기도에 대한 응답'을 하나님이 그들에게 귀를 기울이시기 위해 그 곳 밖에 계신다는 결정적인 증거로 받아들이는 것처럼 보였다. 나는 항상 그 사건에 대해 다른 설명들을 붙였다. "아마 그 삼촌은 이번 달에는 모든 조카들에게 25달러를 보냈을 거야", "몇몇 조카들은 그리스도인이 아니다. 너의 돈만이 기도에 응답된 유일한 선물일까?"라고 말하곤 했다. 그들은 결코 하나님이 그들의 특별한 간구를 무시했던 빈번한 경우에 대해서는 토론하지 않았다. 내게 있어 기도는 어리석은 행위였다. 벽에다 큰 소리로 말하는 것이 무슨 소용이 있단 말인가?

그러나 열성적인 그리스도인들의 열심은 나를 깜짝 놀라게 했다. 부분적으로는 호기심으로, 부분적으로는 그들의 환상을 깨뜨리고 싶은 악의로, 나는 심지어 '기독교인'으로 행세하면서 그들 주위를 귀찮게 붙어 다니기 시작했다. 나는 내가 십대 때 어떻게 구원을 받았는지에 대한 이야기를 꾸몄다. 거기에다 극적인 세부 사항을 첨가해서 재미있게 윤색한 후 기독교 간증 모임들 중 한 곳에서 그것을 말했다. 그 반응은 믿기지 않을 정도였다. 대부분의 소녀들은 울었고, 모든 사람들은 나를 껴안고는 "하나님을 찬양할지어다!"라고 말했다. 그리고 특별 감사 기도회를 가졌다.

나는 기도 모임에 참석하기 시작했고—심지어 새벽기도에도—또한 최상의 그리스도인들이 하는 것은 무엇이든 모방했다. 나를 용납하게 하는 비결은, '간증하기'(giving your testimony)라 불리는 의식에 참석해서 목소리를 부드럽고 진지한 음조로 채색한 뒤 주님이 나를 축복하시거나 혹은 '나에게 말씀하신' 방법에 대해 말하는 것임을 배웠다. 몇 주 후에 나는 내가 무리 중에서 최고의 간증자 중 한 명이라는 사실을 알았다. 나는 무리가 나에 대해 감사 기도를 드리고, 혹은 그들의 주리고 갈급한 눈에서 눈물을 흘리게 할 수 있었다

그러는 동안에, 나는 정기 모임 후에 기숙사로 달려가 나의 진정한 친구에게 내가 얼마나 철저히 모든 그리스도인들을 속였는지에 대해 이야기하곤 했다. 마음 속으로 나는 그들의 믿음을 유린했다. 나는 자연주의자였고 신이 없다고 믿었다. 존재하는 세상은 바위, 나무, 공기가 있는, 내가 살고 있는 이 세상뿐이었다. '영적인 존재'는 없었다. 확실히 그들의 신앙은 영적인 특수 용어인 친밀함이라는 따뜻한 감정과 우연히 긁어모은 죄책감을 포함하고 있었다. 비록 나는 공언된 불신자였지만, 단지 규정된 신앙 형식을 따름으로써 참된 성인(saint)으로 통용될 수 있었다. 그들의 종교는 다른 어떤 그릇된 종교와도 아무런 차이점이 없었다. 만일 모든 그리스도인들의 체험이 하나님을 믿지 않는 사람에 의해 똑같이 반복될 수 있다면, 어떻게 하나님이 실재하는 존재일 수 있겠는가?

나는 변화되었다

이 실험을 한 지 약 1년 후에 이상한 일이 발생했다. 나는 그리스도인이 되었다. 압도적인 기쁨이 없었다면, 그것은 굴욕적이고 난처하게 만드는 일이었을 텐데, 하나님은 내가 그분을 찾고 있지도 않은 때에—사실 나는 그분을 열렬하게 부인하고 있었다—놀랍고 부인할 수 없는 방법으로 나를 만나 주셨다. 나는 진정한 기독교적 회심을 경험했다. 친구들 간의 일상적(필수적)인 기도회 시간에 하나님은 나와 접촉하셨다. 그분은 나에게 그분의 사랑과 용서를 보여 주셨고, 나는 다시 태어났다.

비록 나는 내 에너지를 기독교 신앙에 구멍을 내고 그리스도인들 안에 있는 모순을 알아내는 데 허비했지만, 하나님께서 나를 만나주셨을 때의 그 변화는 너무 심오해서 이후로는 결코 그것을 의심하지 않았다.

나는 일찍이 친구들을 불가지론으로 몰아가는 데 성공했었는데 그 회의적인 친구들에게 이 체험을 어떻게 설명할 수 있겠는가? 당신은 선천적 색맹에게 어떻게 색의 세계를 설명하겠는가? 나는 "하나님은 나를 완전히 변화시키셨다" 혹은 "하나님은 나의 모든 사고 방식, 나의 가치관을 바꾸셨다?" 혹은 "그분은 나에게 전에 결코 알지 못했던 평화를 주셨다"와 같은 불명확한 구절들을 읊조리게 되었다. 내 친구들 대부분은 알 수 없다는 듯한 표정으로, 혼동되고 심지어 배신당한 표정으로 나를 쳐다봤다. 나는 그들이 무엇을 생각하고 있는지 알고 있었다. "결국 저 불쌍한 놈도 물들었군. 몇 달 동안 저 열성적인 그리스도인들에게 붙어서 그들을 모방하더니 저 놈이 미쳐 버렸어, 미쳐 버렸다구."

나는 절망되었지만 친구들에게 내가 미치지 않았으며 오히려 보다 심오한 실체를 발견했다는 사실을 설득할 방법에 대해 생각해 내려 했다. 나는 그들이 내가 알고 있는 그리스도인들에게 매혹되지 않으리라는 것을 알고 있었다. 나는 그들을 너무 성공적으로 흉내냈었다. 기적에 관한 생각이 떠올랐다. 어떤 절대로 설명할 수 없는 기적을 발견할 수 없을까? 틀림없이 그것은 하나님의 실체를 증명해 줄 텐데.

왜 하나님은 보다 명백하지 않으실까? 나는 회의적인 나의 친구들이 하나님의 행위를 보고 결코 그것을 부인할 수 없도록 하나님께서 잘 조화되고 눈으로 볼 수 있는 기적을 행하시기를 원했다. 문제는 기독교적인 행위들—기도하는 것, 서로 사랑하는 것, 다른 사람과 믿음을 나누는 것, 예배를 드리는 것—이 기독교가 사실이라고 누구에게나 확신시킬 만큼 **초자연적**인 것이 아니라는 사실이다. **나는 우리가 진실로 필요로 하는 것은 하나님의 능력이 거대하고 전세계적으로 경익적으로 전개되는 것**이라고 생각했다. 그러면 자연주의는 밑바닥으로 실추될 것이다.

그렇게 생각했지만, 그것이 영향을 끼치지 않을 것임을 깨달았다. 성경에는 하나님이 세계를 정말로 놀라게 한 수십 가지의 예화가 기록되어 있다. 예를 들면 애굽에서의 열 가지 재앙이 그것이다. 세실 데밀(Cecil B. DeMille)은 그것을 모방하느라 많은 돈을 썼다. 그의 영화는 엉터리처럼 보인다. 예수님의 부활은 어떤가? 5백 명 이상이 그분이 죽음에서 살아나셨음을 증언했다. 그러나 대부분의 사람들은 믿지 않았다. 하나님 자신이 지상에서 33년 동안 가르치고 놀랄 만한 기적들을 행하면서 동행하셨다. 그러나 그분을 청종한 사람 중에 오직 소수만이 그분을 믿었다.

기적—이것은 널리 개방적이고 흥분되는 것이며 초자연적인 종류다—은 항상 예외적일 것이다. 오, 나는 기적이 일어나리라 믿는다. 많은 친구들이 나에게 하나님이 마약 상용자에게 행한 기적적인 치유나 그들의 변화에 대해 이야기한다. 그러나 그런 기적들은 잠시 동안 자연의 법칙을 멈추게 한다 ─나는 한 가지도 개인적으로 목격하지 않았음을 인정한다.

　나는 믿기 위해서 기적이 필요하지 않다. 하나님은 사랑으로 그분 자신을 나에게 증명하셨다. 내 회의적인 친구들을 생각할 때만 괴로울 뿐이다. 만일 하나님이 바로 그들의 눈 앞에서 정말로 기적을 행하셨다면 그들이 믿었을까? 모르겠다.

　그 대신에 나는 기도하고 나누고 사랑하고 섬기는, 단순하면서 때때로 지루하기조차 한 기독교적인 행위를 했다. 내가 일찍이 만났던 기이한 그리스도인들을 통해서 너무나 잘 알고 있듯이, 그런 행위는 회의론자들을 확신시키는 데는 모자란다. 그것은 농담이나 사회학 실험으로서 전문적으로 복제될 수도 있다.

　나는 회의론자들을 확신시키기 위한 좋은 전략들을 세우지는 못했다. 몇 명은 믿게 되었고, 몇 명은 믿지 않았다. 몇 명은 그리스도인들의 사랑에 의해 하나님께 이끌렸고, 몇 명은 그들의 세계가 허물어지자 그분에게로 피했다. 그러나 많은 사람들은 오늘도 하나님으로부터 멀어져 있다.

두 개의 세계

　오늘날, 심지어 하나님이 나를 위해 행하셨음에도 불구하고 나는 의심을 품고 있다. 나는 항상 그분이 실제적 존재임을 믿을 것이다. 그러나 종종 나의 기도는 공허하고 생기가 없어서 벽에 부딪혀 지붕보다 높게 올라가지 않는 것처럼 보인다. 때때로 나는 동료 그리스도인이 주님과 함께 가졌던 경험을 묘사할 때, 그것이 초월적 명상회(Transcendental Meditation meeting, 마헤리쉬 마헤시 요기의 잠재력 개발—역주)나 인카운터 그룹(encounter group, 집단 감수성 훈련—역주)에서 들을 수 있는 것과 아무런 차이점이 없는 것처럼 들린다. 가끔은 그 곳 밖에 세상의 다른 부분이 있다는 사실을 믿기가—**정말로** 믿기가—여전히 어렵다. 나는 완전히 자연주의를 제거한 것이 아니다. 내가 매일 보는 이 유일한 세상이 자연적인 세상인데, 어떻게 보이지 않는 세상을 계속 믿을 수 있단 말인가?

나를 둘러싼 세계는 나무와 바위와 사람과 자동차와 건물들을 포함한 명백한 세계다. 모든 사람은 그 세상을 믿는다. 그러나 천사와 영들과 하나님과 천국과 지옥이 있는 똑같이 실제적인 세계가 있다. 만일 나만이라도 그 다른 세계를 단 한 번만 볼 수 있다면 아마 나의 모든 의심을 해결할 수 있을 것이다.

이 의심들이 표면화될 때, 나는 두 개의 세계에 대한 예수님의 가르침으로 돌아간다. 누가복음 10장에 나와 있는 한 사건은 특별히 두 개의 세계를 함께 끌어내고 있다. 예수님은 그의 신실한 제자들 70인을 자신이 나중에 방문하려고 하는 각동 각처로 파송하셨다. 그리고 그들에게 자신을 전파한다는 이유로 조롱 받고 핍박받을지도 모른다고 엄격히 경고하셨다. "너희를 보냄이 어린양을 이리 가운데로 보냄과 같도다"라고 예수님은 말씀하셨다.

70인의 제자들은 예수님의 회의적인 경고를 듣고 최악의 상황을 각오하면서 먼저 무겁게 발걸음을 옮겼다. 그러나 그들은 기뻐하면서 돌아왔다. 사람들은 그들을 영접했고, 마을들은 예수님의 방문을 간절히 기다리고 있었다. 그들은 병자들을 고쳤다. "주의 이름으로 귀신들도 우리에게 항복하더이다"라고 그들은 숨도 돌리지 않고 보고했다.

그들의 귀향을 기다리고 있던 예수님은 일어났던 일에 대해 독특한 요약을 하셨다. 그분은 "사탄이 하늘로서 번개같이 떨어지는 것을 내가 보았노라!"고 말씀하셨다. 예수님은 두 개의 세계를 함께 제시하셨다. 제자의 세계는 뜨거운 모래 위를 걷고, 혼잡한 군중에게 설교하고, 문을 두드리고, 환자를 보여 줄 것을 요청하고, 예수님의 방문을 알려 주는 세계였다. 그들의 모든 행위는 당신이 만질 수 있고, 냄새를 맡을 수 있고, 볼 수 있는 가시적 세계에서 행해졌다. 그러나 예수님은 초자연적 통찰로 보이는 세계에서의 그들의 행위가 보이지 않는 세계에 지각할 수 있는 영향을 미치고 있다는 것을 보았다. 제자들이 보이는 세계에서 영적인 승리를 기뻐하고 있는 동안에, 사탄은 보이지 않는 세계에서 그들의 공격으로 떨어지고 있었다.

누가복음 12장에서, 예수님은 여기 보이는 세상에서 일어나는 일이 다른 세계에 미치는 영향에 대해 더 많은 단서들을 제시하셨다. 그분은 우리가 사람들과 떨어져 있고 안전하다고 생각하면서 골방에서 속삭이는 모든 것이 언젠가는 모든 사람이 들을 수 있는 집 위에서 전파될 것이라고 말씀하셨다. 어떤 행위도―심지어 속삭임도―세상에 알려지지 않을 것이 없다. 모든 것은 보이지 않는 세계에서 그것의 특징이 기록되고 있다.

예수님은 죄인 하나가 회개하면 천사들이 하늘에서 기뻐한다고 말씀하셨다. 오늘날 당신은 죄인이 회개하는 것을 지켜볼 수 있다. 한 번 빌리 그래함의 집회를 시청해 보라. 그러면 많은 사람들이 회개하는 것을 생생하게 칼라로 볼 수 있다. 카메라는 머리를 숙이고 상담자와 대화하기 위해 스타디움 밑으로 빠져나가는 중반의 사업가를 확대해 비춰 준다. 카메라는 한 친구가 성경을 설명할 때 구석에서 조용히 흐느끼는 리바이스 바지를 입은 한 소녀에게로 옮긴다. 예수님이 말씀하신 바에 따르면, 그러한 보이는 행위가 발생하는 동안에 어떤 거대한 보이지 않는 행위가 또한 발생하고 있은 것이다. 천사들은 하늘에서 축제를 벌이고 있다. 두 개의 세계는 하나로서 작동하고 있다.

물론, 인간 예수는 두 개의 세계가 하나로 기능하는 본원적인 본보기다. 그분은 땀샘, 머리, 손톱, 입술 등 인간을 정의하는 모든 특징을 지닌 인간이었다. 그러나 하나님은 그 몸 안에서 사셨다.

그리스도인인 우리 모두는 보이지 않는 세계를 믿는다. 우리는 단지 그것에 대해 잊어버릴 뿐이다. 논쟁, 관계, 직업, 학교의 세계, 심지어 교회와 기도회라는 '종교적' 세계가 우리의 마음을 다 태워 버린다. 만일 하나님이 어떤 선을 위해 우리를 사용할 때마다, 예수님이 육신을 입고 우리 곁에 서서 "나는 사탄이 떨어지는 것을 보았노라"와 같은 말을 속삭여 준다면, 우리는 보다 잘 기억할 수 있을 텐데.

우리가 살고 있는 세계는 "이것이냐, 저것이냐?"의 세계가 아니다. 내가 그리스도인으로서 행하는 행위들 — 기도하고, 예배드리고, 사랑하는 행위들 — 은 배타적으로 초자연적이거나 혹은 자연적인 것이 아니다. 그것들은 동시에 양쪽에서 작동하는 것이다.

보이지 않는 것을 보는 것

하나님의 영이 초자연적인 세계를 생각나게 하는 것으로서 우리에게 주어졌다. 하나님의 영은 영원히 우리 안에 거하신다. 또한 성경과 동료 그리스도인들이 우리에게 좋은 조언을 해 주는데, 그들은 또 다른 세계가 있으며, 하나님은 살아 계시고 우리를 돌보신다고 확신시켜 준다.

이런 모든 특별히 기독교적인 것 외에도, 이 세상에는 누구나 찾아낼 수 있는 하나님에 대한 증거가 많이 있다. 하나님의 능력을 표현하는 것을 보고 싶은가? 일찍 일어나서 일출을 보라. 고래가 이주하는 기간에 캘리포니아 해변을 찾아가서 그 거대한 동물들이 장난치고 야단법석 떠는 요란한 소리를 들어 보라.

사람이 불멸의 존재일까 의심하는가? 길가에서 죽은 고양이나 스컹크나 주머니쥐 곁을 지날 때 당신 자신의 반응을 생각해 보라. 특별히 당신이 동물을 사랑한다면 후회나 슬픔의 아픔을 느낄 것이다. 그러나 아스팔트 옆에 뻗어 있는 인간의 시체를 지나칠 때 느끼는 반응은 이것과 전혀 다르다. 당신은 숨이 막히고 멈춰 서서 비명을 지를 것이다. 그 기억은 당신 마음 속에 타오를 것이고, 당신은 결코 그 장면을 잊지 못할 것이다. 이것들의 차이점은 무엇인가? 두 시체 모두 힘줄, 피, 뼈와 기관으로 만들어졌다. 차이점이라면 사람은 하나님의 형상으로 지어진 불멸의 존재라는 것이다.

가끔 나는 보이지 않는 세계를 뚜렷이 기억한다. 나는 그것의 존재를 너무 강하게 인식할 수 있어서 보이는 세계보다 더 실재처럼 보인다. 믿음의 질이 나로 하여금 믿게 한다. 이 질(quality)이란 말은 곧 히브리서에서 "믿음은 바라는 것들의 실상이요 보지 못하는 것들의 증거니"(히 11:1)라고 정의된다. 그런 순간에는(회심 후에 어떻게 느꼈는지 나는 기억한다) 나는 사람들이 어떻게 의심할 수 있을까 하고 의아해 한다. 다른 순간에는—종종 내가 지치고, 짜증나고, 다른 사람과 다투었을 때—나는 보이지 않는 세계를 거의 기억하지 못한다. 이런 순간 역시 큰 영적 전투가 배후에서 내 인생의 매순간을 따라다니면서 진행되고 있다는 증거다.

"우주에는 중립적인 영토가 없다"고 루이스(C. S. Lewis)는 말했다. "한 치의 땅도, 매초마다 하나님에 의해 소유권이 주장되거나 반대로 사탄에 의해 소유권이 주장된다."

나는 때때로 나 자신의 생각으로 그것을 믿을 만큼 강하다. 나는 전투의 아주 많은 부분을 느낀다. 그러나 다른 순간에는 잊어 버려서 그 때는 하나님 그분의 말씀으로 돌아가고, 그분과 지상에 있는 그분의 제자들을 무력하게 의존해야만 한다. 그들은 나에게 보이지 않는 세계와 그 안에서의 나의 역할을 생각나게 한다. 사탄은 그의 영토를 쉽게 포기하지 않는다.

의심이 항상 사라지는 것은 아니다

의심이 당신을 보다 더 강하게 만들 수 있다

의심이 항상 사라지는 것은 아니다

의심이 당신을 보다 더 강하게 만들 수 있다

하나님에 대한 나의 의심은 군중 속에 있을 때 매우 번번이 찾아온다. 나는 조용히 서서 내 곁을 지나가는 사람들의 물결을 지켜본다. 각 사람은 자기 자신이 걸어가는 방향에만 신경을 쓰고 자기 자신의 생각에 여념이 없다. 각 사람은 돌보시는 하나님이 계시다는 나의 믿음에 대해 아무 것도 모르고 관심을 갖지도 않는다. 나는 다수의 불신앙에 꼼짝 못하고 외로움과 무의미함을 느낀다. 나의 추론이 그들의 것보다 더 사리에 맞는다고 말하는 나는 누구인가? 그들은 자신들의 사업에 있어 매우 견고하고 확신이 있어 보인다. 내가 어떻게 그들을 사랑하는 하나님을 그들에게 확신시킬 수 있단 말인가? 그들은 전혀 관심 있어 하지 않는다. 미친 사람은 바로 내가 아닌지 의심스럽다.

당신은 건실하고 믿을 만한 신자여야 하는 내가 의심을 갖고 있으며, 또 하나님이 실재한다는 표적을 간구하면서 말 그대로 하나님께 절규했던 밤들이 내게도 있었다는 것을 말한다면 거북스러운가? 어느 그리스도인이 나에게 자신의 깊은 의심들을 말했을 때 나는 위협을 느꼈던 적이 있다. 만일 다른 사람들은 그 신앙을 버리려고 생각했다면, 오직 나만 계속해서 믿도록 자신을 속이고 있었단 말인가? 게다가 의심은 그리스도인에게 가장 위험한 것이라고 나는 생각했다.

그러나 지금 나는 그렇게 생각하지 않는다. 의심은 심각한 것이다. 가끔 의심 때문에 하나님을 거부하기도 한다. 그러나 정직하게 의심에 직면하면 그것은 훨씬 더 강한 믿음으로 인도할 수 있다고 생각한다.

오히려 나는 다른 것들 때문에 걱정스럽다. 어떤 사람이 알면서도 하나님께 불순종하고 그의 불순종을 합리화할 때 나는 걱정스럽다. 그것보다 믿음을 더 빨리 파괴시키는 것은 없다.

어떤 사람이 의심과 고독이 배후에 잠복해 있는데도 겉으로는 기쁨으로 설레이는 척 믿음을 꾸며 놓을 때 나는 걱정스럽다.

어떤 신자가 다른 신자들과 잘 지내지 않고, 오히려 어떻게 속고 학대받고 혹사받았는지에 대한 내용을 아주 오랫동안 기억할 때 나는 걱정된다.

어떤 사람이 성경 말씀을 알고 기도하고 다른 신자들과 예배드리는 그러한 것을 불필요하다고 평가하는 '새롭고 보다 성숙한' 믿음을 찾고 있을 때 나는 걱정스럽다.

그러나 의심은 어떠한가? 그것은 최소한 성경에 존재한다. 욥의 불타는 질문에서부터 "나에게 보여 달라"는 도마의 당황스럽고 고집 센 요구까지, 의심은 솔직하게 다루어지고 있다. 의심하는 자들은 의심을 질문할 만큼 용감하다. 사실상 모든 대답을 아는 체하면서 의심하는 자들의 입을 막아 버림으로써 하나님을 더욱 분노하게 하는 사람은 다름 아니라 경건한 사람들이다.

당신이 하나님의 존재를 의심할 때, 무엇이 의심 가운데 있는지 바로 그 것을 이해하는 것은 도움이 될 것이다. 해답을 찾기 전에 당신의 문제를 분석하라. 그리고 대답은 진실하게 찾아라. 기독교 신앙이라는 벽을 아주 강하게 민다고 해서 그 안에 구멍을 낼 만큼 얇지는 않다. 만일 당신이 솔 직하게 질문한다면 대답을 찾을 것이다. 비록 원했던 대답은 아닐지라도 말이다. 예수님은 우리에게 "…찾으라 그러면 찾을 것이요 문을 두드리라 그러면 너희에게 열릴 것이니"(마 7:7)라고 약속하셨다. 그것은 그분이 제자들에게 한 약속이었다. 그들은 그분을 따르기로 선택했었다. 그렇게 했기 때문에, 그들은 땅을 세우신 예수님 자신으로부터 그들이 구하고 찾 으려 하는 한 영원히 그들을 당황하도록 놔두지 않을 것이라는 약속을 들 었다.

세 종류의 의심

나는 **고독의 의심**(lonely doubts)이 가장 보편적이라고 생각한다. 하 나님이 과연 존재하시는지 혹은 돌보시는지를 의심하면서 어려운 순간을 겪었던 친구와 최근에 이야기를 나누었다. 그녀는 최근에 생각이 바뀌었 다. "나는 내가 정말로 외롭다는 것을 깨달았어. 나는 이 모든 사람들을 알지만 그들 중에 나를 진실로 아는 사람은 아무도 없었던 거야. 그래서 나는 내게 아무 친구도 없다고 하나님께 고함치면서 화를 냈지. 그것이 내 의심의 진짜 근원이었던 거야"라고 그녀는 말했다.

당신을 사랑하는 사람이 주위에 아무도 없을 때, 하나님의 사랑을 믿는다는 것은 어렵다. 격심한 의심 없이 그런 기간을 살아가는 데는 비범한 힘이 필요하다. 우리는 하나님뿐만 아니라 사람을 통해 하나님의 사랑을 체험하도록 되어 있다.

그러나 만일 당신이 외롭다면, 그것이 당신의 의심의 진원지임을 확신하라. 인도에서 이런 고난에 대해 철학적으로 해석하는 식으로 옆길로 새지 말라. 하나님께 인간의 우정의 실체에 대해 말하고 그분에게 어떻게 좋은 친구를 사귈 수 있는지를 가르쳐 달라고 간구하라. 또한 당신의 외로움에 담긴 목적, 그것을 통해 당신이 어떻게 성장해야만 하는지를 보여 달라고 간구하라. 그것은 밤새 발생하지 않는다. 그러나 이런 방향으로 나아가면 당신의 의심은 사라질 것이다. 그분은 고독을 치유하는 데 있어서 당신의 적대자가 아니라 협력자가 되어 주실 것이다.

위기의 의심(crisis doubts)은 종종 가장 격렬하다. 당신의 사랑하는 사람이 죽는다. 당신의 가장 친한 친구가 당신을 거부한다. 학교에서 학기말 시험을 망쳤다. 종종 위기의 기간에는 이것을 의식하지도 못한 채 피곤하다. 정신적 긴장은 더 많은 휴식을 필요로 하고, 그래서 당신은 종종 아무런 신체 운동을 하지 않는다. 압박은 늦춰지지 않을 것이며, 당신은 계속해서 신경과민이 된다.

「예일에서의 하나님과 인간」(*God and Man at Yale*)이라는 책에서 버클리(W. F. Buckley)는 하나님에 대해 의심할 때마다 그것을 회복할 때까지 누워 있곤 했다고 말한다. 그것은 그리 나쁜 처방이 아니다. 대개 의심은, 특히 위기의 의심은 피곤에 의해 부추겨진 강력한 비애의 감정에 대한 반응이다. 그것들은 사라질 것이다. 물론 위기는 계속해서 연관되는 질문을 할 수 있고 또한 해야만 한다. 그러나 당신이 자려고 누워 있는 밤에 우주의 의미를 확립할 수 있다고 생각함으로써 자신을 미혹하지 말라. 당신은 그렇게 할 어떤 상태에 있는 것이 아니다. 당신이 위기 속에 있음을 깨닫고 의심을 질문하되 나중까지 쌓아 두지 말라. 가능하면 잠을 자라. 위로해 줄 만한 친구를 찾으라. 종종 위로의 역할은 당신의 의심을 표현하는 기회를 주는 것이다. 그러면 의심은 날아가 버린다. 만일 그렇지 않다면 어떤 큰 결정도 하지 말라. 휴식을 취한 다음 당신의 문제를 해결할 때까지 기다려라.

지적인 의심(intellectual doubts)은 사실상 세 가지 중 가장 보편적이지 않다고 나는 믿는다. 그 이유는 우리들 중 극소수만이 지적이기 때문이다. 그러나 대부분의 사람들은 자신들이 지적이었으면 하고 바란다. 그래서 자신이 모든 대답을 스스로 알아낼 수 없다는 것을 인정하기가 어렵다. 우리는 우리의 많은 의심들을 지적인 질문으로 표현한다. 이것은 부분적으로는 우리 자신의 고독과 부적당함을 피하기 위해서다.

그러나 예수 그리스도의 실체에 대한 좋은 질문들이 있다. 만일 하나님이 선하시다면 왜 그분은 어떤 사람들을 지옥으로 보내려 하시는 것일까? 어떻게 우리는 기독교가 힌두교보다 낫다고 말할 수 있는가? 왜 사람들은 환난을 당하는 것일까? 만일 우리의 삶을 하나님께 바침으로써 우리가 정말로 새 피조물이 된다면, 왜 그리스도인들은 종종 그 외의 다른 사람들보다 더 선하게 보이지 않는 것일까? 우리는 어떻게 성경처럼 비과학적인 책에 우리의 신뢰를 둘 수 있는가? 이 밖에도 더 많은 질문들이 있다.

나는 좋은 대답들이 있다고 믿지만, 여기서는 그런 질문에 대답하려는 것이 아니다. 우리는 질문들에 대한 단번에 최종적인 대답을 찾지 못할지도 모른다. 그러나 우리보다 훨씬 똑똑하고 많이 배운 사람들을 만족시켰던 대답들을 발견할 것이다(루이스(C. S. Lewis)의 저술, 특히 「순전한 기독교」(Mere Christianity)와 「고통의 문제」(The Problem of Pain)부터 읽기 시작하는 것이 좋을 것이다).

내게 있어 가장 슬픈 일은 지적인 질문을 하는 사람들이 그 해답과 그들의 전 생애를 머리에 떠도는 애매한 개념들이나, 대학에서 교수들이 확신을 가지고 말했던 것들이나, 혹은 가볍게 한 번 봤던 여러 교과서에 제공된 정보에 기초하여 결정한다는 사실이다. 도서관이나 서점, 그리고 때로는 목사관에도 더 좋은 정보가 있다.

만일 당신이 지적인 의심을 품고 있다면 그것들을 정직하게 끝까지 추적하라. 해답을 갖고 있을 것 같은 사람에게 질문하며 한두 사람에게 만족하지 말고 많은 사람에게 질문하라. 읽을 만한 자료를 요청하라. 그것은 시간이 좀 걸릴지 모르나 그리스도인으로서 당신의 삶이 의미가 있는지 결정하려는 것이기 때문에, 그 질문들은 진지한 연구를 할 만한 가치가 있지 않을까? 만일 가치가 없다면—만일 당신이 이미 당신 두뇌에 들어 있는 정보 잡동사니를 정리, 사용하는 데 만족한다면—나는 당신이 진실로 당신의 질문에 정직한지 의문스럽다. 만일 당신의 믿음을 포기한다면, 당신은 자신을 속였던 것이다. 만일 당신이 어려운 질문에 직면하는 것과 비기독교인들이 물어 보는 질문들을 정직하게 경청하는 것을 두려워한다면, 이런 질문들은 반복해서 제기되고, 혹은 당신의 믿음이 피상적인 것이 될 것이다.

만일 당신이 정직하게 질문하고 기꺼이 하나님의 도움을 요청한다면, 당신이 만족할 만한 대답을 발견하리라 생각한다. 이것은 나에게 반복적으로 발생했던 것이다.

궁극적인 해답

내 의심은 지적이라기보다는 감정적이다. 내가 피곤할 때 의심이 찾아오므로 이 사실을 안다. 그것은 잠잠하지만 실제로 있다. 나는 내가 다른 사람과 다르다는 것에 싫증이 난다. 가끔 나는 다른 모든 사람이 생각하는 것에 푹 빠져 생각하고 싶다. 다른 사람을 걱정하고, 성경을 읽고 기도하고 교회 가는 대신에, 나는 단지 내가 원하는 것을 생각하고 행하고 싶다. 그리스도인이 된다는 것은 내가 잡혀 버린 지루한 의식처럼 보인다.

그래서 내가 이런 의심을 갖고 있을 때 무슨 일이 일어나는가? 일어날 필요가 있는 한 가지는 물론 잠이다. 그러나 이것보다 더 많은 일이 일어난다. 나의 질문들은 나쁜 것이 아니다. 우리가 경험하는 이런 모든 의식의 핵심은 무엇인가? 왜 그리스도인들은 그런 색다른 방식으로 **행하고 사고하는가**? 나는 내 믿음의 근본까지 파고들었다. 결론은 이렇다. 만일 예수님이 없다면, 나는 그리스도인이 아니었을 것이라고 생각한다.

자, 이것은 부조리한 문장이지 않은가? 만일 예수님이 없다면, 그리스도인이 **없을** 것이다. 그러나 비록 핵심은 확실하지만, 그것은 따질 필요가 있다. 나는 예수님 없이 기독교를 해석할 수 있다고 생각한다. 만일 혹자가 어쨌든 예수님은 결코 살아 계시지 않았고 혹은 다시 사신 적이 없다고 증명한다 해도 우리는 마찬가지로 잘 살아 나갈 것이다. 우리는 함께 노래를 부르는 데서 낙관적인 감정을 느끼게 된다. 우리는 교회나 기독교 단체를 통해서 좋은 친구들을 사귄다. 우리는 세계를 바라보는 관점을 가지고 있고, 그것은 안정을 가져온다. 우리는 예수님에 대해 말하지만, 그것은 우리의 좋은 느낌을 암호로 만든 언어처럼 보인다. 그 언어는 어떤 실제의 인물, 말하자면 나의 아버지 같은 명백한 인물을 나타내는 것이 아니다. '예수님' 대신 다른 이름을 대용할 수 있을까? 일단 우리가 그 이름에 편안하다면, 꼭 마찬가지로 지내게 될까? '부처'는 충분한가?

어떤 사람이 바로 그 방식으로-생활 방식으로서 엄격하게, 이것을 예수님 즉 실제로 존재하고 살아 있는 인격과의 관계로서 생각하지 않고-기독교적인 삶을 산다고 가정해 보자. 나는 과연 그 사람이 사람들이 공화당원이 되는 것을 즐기는 것과 동일한 방식으로 그리스도인이 되는 것을 즐기면서 그의 전 생애 동안 그 패턴을 유지할 것인지가 의문이다. 세월이 흐르면서 그는 그 체계를 보다 잘 이해하게 될 것이다. 그는 중대한 핵심을 어떻게 논쟁해야 하는지, 사건을 성경 어디에서 찾아야 하는지를 알 것이고, 또한 교회가 어떻게 운영되어야 하는지에 대한 이론을 갖게 될 것이다. 그러니 그는 아마 보나 온유하고, 혹은 보다 동정적이고, 혹은 삶의 근원에 보다 근접하게 되지는 않을 것이다. 그는 자신의 생애를 동료 집단에서 기도함으로써 얻을 수 있는 좋은 느낌을 하나님의 실체와 혼동하면서 보낼 것이다. 그는 자신이 무언가를 놓쳤음을 결코 알지 못할 것이다.

나는 대부분의 사람들이 기독교로 시작하고 단지 점차적으로만 그리스도를 알게 된다고 생각한다. 우리는 사람들의 무리, 생활 양식, 지도자 혹은 우리가 신뢰하는 친구에게 마음을 빼앗긴다.

이것은 내 경험이다. 나는 신실한 기독교 가정에서 성장하면서 훌륭한 기독교 지도자 몇 분을 알았었다. 나는 위대한 교회들과 신비한 사건이 실제로 발생해서 흥분을 자아내는 단체들에 속했었다. 그것은 좋은 것이지만 충분하지는 않다. 당신은 그것을 넘어서야 한다. 비록 내가 접했던 기독교의 어떤 것들은 아주 훌륭했지만, 내 신앙에 별 의미가 없거나 다른 그리스도인들로부터 도움과 격려가 없을 때는 여전히 장기간의 메마른 기간이 찾아온다.

그러나 내가 불행할 때조차 회피할 수 없는 것은 예수라고 알려진 사람이다. 그분은 놀라운 분이다. 내가 그분에 대해 배우면 배울수록 더욱 더 놀라게 된다. 그분은 내 의심에 대한 궁극적인 해답이시다.

진실로 자유로운 유일한 사람

당신은 그분에 관한 것을 읽어야 한다. 사실 그분에 관해 배우기 위한 다른 어떤 신뢰할 만한 방법은 없다. 네 가지 책자가 그분의 성격이 드러났던 지상에서의 삶을 합리적으로 자세하게 설명하고 있다. 신약성경이 이것들―마태복음, 마가복음, 누가복음, 요한복음―로 시작된 것은 우연이 아니다. 이 책들은 기본이다.

나는 예수님을 설명하는 이 네 가지 책에서 겹겹이 쌓인 의미들을 발견한다. 즉, 처음에 성경을 읽을 때는 단순하지만, 가장 뛰어난 정신의 풍부함이 결코 고갈되지 않는다. 사복음서는 유일한 사람, 죽음을 무릅쓰고 따라갈 만한 가치가 있는 유일한 사람을 설득력 있게 묘사하고 있다.

그것은 단지 그분이 말씀하신 것만이 아니다. 그것은 신기한 일들을 행하는 능력만이 아니다. 그것은 그분이 사람들을 사랑했던 방식이 아니다. 그것은 압박에 쫓기는 그분의 성격만이 아니다. 그것은 그분의 하나님과의 놀라운 관계만이 아니다. 믿을 수 없을 정도로 그분은 이 모든 것을 겸비했다. 그분은 독특하다. 그분과 같은 사람은 없다.

나는 예수님에 대한 많은 면과 그분이 왜 나의 흥미를 끄는지 말할 수 있다. 그러나 나는 그분에 대해 내가 항상 놀라는 단지 한 가지만 한정하여 말하겠다. 그것은 예수님이 내가 만났던 사람 가운데 완벽하게 자유로운 유일한 사람이라는 것이다.

나는 매우 자유롭기를 원한다. 나는 무엇에 구속당하고 싶지가 않다. 나는 바람 속에 비행하는 매처럼 격렬하게 날고 싶다. 예수 안에서 나는 내가 되고 싶었던 것의 모델을 찾았다.

여기서 '자유롭다'는 것은 모든 압박과 책임에서 벗어난다는 의미가 아니다. 이런 종류의 자유를 가진 사람은 종종 비참하게 노예화된다. 좋아하는 것을 할 수 있는 돈과 시간이 있는 록 스타(rock star)들은 때때로 자살하거나 마약에 서서히 질식당한다. 가장 자유로운 어떤 사람들은 오히려 격심한 압박 밑에 있는 사람들과 같다. 감옥에 갇혔던 솔제니친(Aleksandr Solzhenitsyn)이나 사도 바울이 그렇다.

내가 관심 있어 하는 자유는 내부에서 시작된다. 나는 외부에서 강요되는 제한들이 우리에게 항상 있음을 안다. 나는 우리 내부에 있는 제한들이 더 걱정스럽다. 진정한 자유인은 다른 사람이 쓸쓸해 할 때 웃을 수 있다. 그는 비방으로 가득 찬 방에 있으면서도 거기에 끼지 않을 수 있다. 그는 다른 사람이 미워할 때 친절할 수 있다. 그는 어떤 압력이 그에게 가해져도 상관없이 자기 자신임을 잃지 않는다.

예수님은 자유로우셨다. 군중들이 그분을 경배했으나, 그분은 그들을 기쁘게 하기 위해 살지 않으셨다. 수백 명의 환자들이 치유 받기 위해 왔으나, 그분은 그 압박 때문에 기도하는 우선 순위를 빼앗기지 않으셨다. 종교적 체제는 그분을 비난했으나, 그분은 그것 때문에 위축되지도 판에 박힌 반란자가 되지도 않으셨다. 그분의 더없이 친한 친구들은 그분이 어떻게 행해야만 하며 그분이 기대하는 미래는 어떠해야만 하는지에 대한 생각을 갖고 있었지만, 그분은 흔들리지 않으셨다.

예수님의 자유는 하나님의 아들이라는 정체성에서 흘러 나왔다. 그분은 계속해서 하나님과의 관계에서 자신이 누구인지를 하나님과 교통하며 기억하셨다. 하나님께서 그분을 지킨다는 사랑과 약속이 변치 않았기 때문에, 압력이 예수님을 마음대로 할 수가 없었다. 심지어 죽음조차도 그분의 정체성을—지금도—빼앗아 갈 수 없었다.

내게 있어, 그분이 가장 놀랍도록 자유를 보여 준 것은 자신을 명백히 죽이려고 결정한 임시 법정 앞에서였다. 그들은 종교적인 사람들이었다. 그들은 또한 예수님께서 일일이 맞섰던 사람들이었다. 그들은 비뚤어진 경선성을 결정적으로 보이면서 그분을 그들 마음대로 했다. 그들은 즉석에서 그분을 죽일 용기조차 없었다. 그들은 그분을 거짓된 혐의로 재판에 회부했다.

만일 당신이 가장 유명한 사기에 의해 국회 상원 앞에서 뇌물죄로 고소되었다고 상상해 보자. 당신은 누구라도 그런 상황에 처하면 느끼게 되는 격분과 두려움으로 뒤범벅이 되었을 것이다.

우리 대부분에게는 어떤 종류의 벌을 받을 만하다고 느끼게 하는 누적된 죄가 충분히 있다. 차가 부서지면 음울하지만 나는 그것을 운명적으로 받을 만한 것으로 수용한다. 그러나 예수님은 전 생애 동안 단 한 가지도 잘못한 것이 **없으셨다**. 그분은 결코 죄책감을 느끼지 않으셨다.

그래서 예수님은 화를 내면서 자신을 변호하셨을까? 혹은 자신을 죽이지 않도록 설득하셨을까? 혹은 간청하셨을까? 그분은 그렇게 하지 않으셨다. 재판에서 그분은 계속 자신이 메시아, 하나님의 아들이라고 믿는지를 질문 받으셨다. 그분은 자신을 변호하라는 요구를 받았지만 결코 그렇게 하지 않으셨다.

왜 그러셨을까? 누가복음 22장 67, 68절에서 예수님은 그 이유에 대해 말씀하신다. "…내가 말할지라도 너희가 믿지 아니할 것이요, 내가 물어도 너희가 대답지 아니할 것이니라." 심히 불공평하고 괴로운 죽음의 위협 아래서도 예수님은 자신이 누구인지를 기억하셨다. 그분은 그들의 역할이 바뀌었음을 아셨다. 그분은 세상의 재판장이고, 그들은 자신들을 변호할 필요가 있는 사람들이었다. 그들은 모의 재판에서 바꿔서 행사했지만, 예수님은 그들의 게임에 걸려들지 않으셨다.

그것은 오만이 아니다. 사실이다. 오히려 비현실은, 하나님이 예수님께 주신 지위를 권세로 번복시키려 했던 그 재판이다. 그분은 온전한 자유인으로서 그의 죽음을 맞이하셨다. 심지어 십자가상의 무시무시한 고통 중에서도 그분은 그분 자신이셨다. 그분은 자신의 몸이 죽어 가고 있음을 느끼는 동안에, 그 마지막 고통스러운 시간에 무엇을 하셨을까? 그분은 강도를 용서하셨다. 그분은 요한과 자신의 어머니를 가족 관계로 맺어 주셨다. 그분은 자신의 생명을 하나님께 위탁하셨다.

나는 이것을 잊을 수 없다. 그분에게 발생했던 일들을 읽고 나는 놀랐다. 나는 따를 만한 가치가 있는 분과 교통했음을 안다. 나는 내 의심을 극복했다. 이것뿐만 아니라, 나는 내 의심 때문에 예수님 자신에게 보다 가까이 인도되었으므로 그것에 고마움을 느낀다.

당신의 의심은 종종 하나님을 보다 깊이 이해할 수 있도록 인도한다. 왜냐하면 그분의 대답은 거의 당신이 기대하고 있었던 바로 그런 종류가 아닐 것이기 때문이다. 만일 당신의 믿음이 피상적이라면 그것들을 좀더 깊이 훑어봐야 한다. 만일 당신의 믿음의 골격이 구부러졌다면 뼈들이 다시 이어지기 전에 먼저 부러져야 한다. 그렇게 하는 것은 고통을 주겠지만 두려워하지 말라. 부러진 뼈들은 더 강하게 이어진다.

의심하는 사람들을 위한 **전략**

의심하는 사람들을 위한 전략

지금쯤 아마 당신은 당신의 의심에 대한 명쾌한 해답이 쉽게 나오지 않으리라는 것─그리고 전혀 나오지 않을지도 모른다─을 이해했을 것이다. 그러나 당신은 몇 가지 해답을 찾을 것이다. 비록 그것들은 느닷없이 당신에게 찾아올지도 모르지만 말이다. 당신은 의심이 파고들 때 배우고 성장하게 될 것이다.

이 마지막 장에서, 나는 내 의심을 함께 나누었던 사람들에게서 얻은 최상의 조언 중 몇 가지를 모았다. 다음과 같은 비결을 고려해 보라. '이것을─하라─그러면─당신의─의심은─사라질 것이다' 라는 식의 공식으로서가 아니라, 오히려 당신이 따를 수 있거나 당신의 의심과 질문들을 다룰 때 반영할 수 있은 제안을 목록으로서 고려하라. 이 비결들은 내게 그랬던 것처럼 당신에게도 도움이 될 것이라 믿는다.

1. 당신 자신에게 솔직하라

당신의 의심은 진짜인가, 아니면 그것은 당신이 이미 사실이라고 알고 있는 것에 직면하는 것을 모면하려는 것인가?

2. 자신에게 의심할 자유를 주어라

의심하는 것은 죄 짓는 것이거나 온당치 않은 것이라는 관념을 버려라. 의심은 불신앙이 아니다. 당신이 진심으로 의심하는 사람이라면 당신은 특별한 사람, 즉 인생에 대한 단일적인 관점에 만족하지 않는 사람이라는 것을 자신에게 기억시켜라. 의심에 대한 해답을 추구한다면, 당신은 영적 정체보다 영적 성자의 길로 인도될 것이다.

당신은 성경 속의 유명한 사람들과 마찬가지임을 기억하라. 성경 전체에 걸쳐서 그들은 의심을 했다. 의심들이 어떻게 표현되고 대답을 얻었는지 알기 위해 시편을 통독하거나 혹은 욥, 다윗, 솔로몬(특히 전도서), 세례 요한, 도마 등과 같은 성경적 인물들의 삶을 관찰해 보라.

실지로 어떤 사람이 다른 사람보다 의심을 많이 할 수도 있지만, 모든 사람이 의심을 경험한다. 제이 케슬러(Jay Kesler)는 90/10규칙이라 불리는 간편한 공식을 적용했다. 당신의 감정을 살펴보라. 그리고 세상 사람의 90퍼센트가 동일하게 당신처럼 느끼고 있다고 추정하라. 만일 당신이 의심하고 있다면, 아마 당신 주위에 있는 대부분의 사람들도 역시 그러할 것이다.

심지어 무신론자나 불가지론자들도 그들의 '믿음'을 의심한다.

3. 사실을 올바로 직시하라

당신을 의심하게 하는 것은 무엇인가? 당신은 정확한 원인을 끄집어 낼 수 있는가? 그것은 죽음, 이혼, 질병 혹은 그 외 어떤 비극과 같은 설명할 수 없는 사건은 아닌가? 그것은 교사가 진화론에 대해 말한 것이나, 책에서 읽은 혼동케 하는 진술 등과 같은 **새로운 정보**는 아닌가? 혹은 그것은 사람—하나님을 믿는다고 고백하면서도 줄곧 정당들을 믿는 청년회의 **어떤 사람**—은 아닌가? 당신을 실족케 한 사람이 당신이 신뢰했던 그리스도인 친구는 아닌가? 당신이 의심의 원인을 잘 다루면 다룰수록 대답을 찾을 수 있는 기회를 더 잘 얻을 수 있다.

4. 진리를 행동과 구분하라

많은 불신자들은 기독교에 대한 그들의 가장 큰 관심사는 그리스도인들이라고 말한다. 학교에서 속물 그리스도인 친구들을 보면서, 그의 아내를 속이는 그리스도인 남편들을 보면서, 혹은 시청자에게서 돈을 짜내는 사기꾼 같은 TV 설교가들을 보면서, 그들은 "만일 그리스도인이 되는 것이 이와 같은 것이라면 나는 조금도 그것을 원하지 않는다"라고 말한다. 그들은 핵심을 파악하고 있다. 하나님의 이름으로 어리석은 일을 행하는 신자들은 세상 사람들에게 하나님을 조금도 잘 보여 주지 못하고 있다. 그러나 이것이 과연 복음이 거짓이라는 것을 의미하는 것일까?

만일 당신이 기하학 문제를 풀면서 피타고라스 정리를 잘못 적용했다면, 그것은 그 정리가 거짓이라는 뜻인가? 보다 정확히 말하면, 그것은 사실적인 것으로 시작했다가 그 정리를 잘못 사용한 것이 아닐까? 이것은 기독교에 대해서도 동일하게 적용된다. 그것이 진실한지의 여부는 그 추종자의 행동에 의해 좌우되지 않는다.

5. 당신의 생물학적 · 정서적 온도를 재라

당신의 의심은 고독, 피로, 월별 사이클, 빈틈없는 스케줄에 의해 야기되는 분위기 진폭과 평행을 이루고 있지 않은가? 당신의 기분과 신체에 귀를 기울이라. 잠을 자라. 당분의 섭취량을 줄여라. 기도나 성경공부 그룹과 관련을 맺어라. 필요하면 활동을 줄이라. 혹은 당신은 단지 의심이 표출되기를 기다려서 그것이 사라졌는지 살펴볼 필요가 있다.

6. 하나님에 대한 의심이 당신의 개인적 세계관과 어떻게 관련되는지를 탐구하라

예를 들어, 사녀로서 아버지와 관계가 좋지 않다면 당신은 하나님을 하늘에 계신 당신의 아버지로 생각하는 것이 어렵고 심지어 몹시 싫은 것임을 발견하게 될 것이다. 당신의 인생관과 사고와 감정의 방식에 영향을 끼쳤던 가족 관계 속에서 일들을 판별하려고 노력하라. 예컨대 당신의 조부와의 좋은 대화는 당신의 부모의―따라서 당신 자신의―세계관에 많은 통찰력을 심어 줄 수 있다.

7. 당신의 의심을 직면하라

의심들이 당신을 마비시키지 않도록 하라. 그 대신 그것들과 씨름하여 해답을 찾으라. 성경과 다른 서적들을 읽으라. 목사나 청년 지도자와 대화하라. 당신의 의문을 가족과 친구들과 함께 나누어라.

8. 당신의 의심을 하나님께 표현하라

당신의 의심에 대해 하나님께 직접 아뢰는 것을 두려워하지 말라. 그분은 우리의 의심보다 훨씬 원대하시다. 그분은 그것들을 다루실 수 있다. 그리고 그분은 당신이 그분께 정직히 하는 것에 대해 벌을 내리지 않으신다. 하나님은 강압이 아니라 인격이시다. 한 인격으로서 그분께 다가서는 것을 주저하지 말라. 그리고 그분이 당신을 개인적으로 돌보신다는 것을 깨달으라.

9. 하나님을 보다 잘 알기 위해 당신 자신의 시간을 드려라.

성경을 읽고, 기도하고, 예배드리고, 하나님께 말을 할 뿐만 아니라 들으면서 그분과의 호젓한 시간을 보내라. 숲 속, 산 속, 방 안, 성당 안, 조깅하는 동안에 그분을 만나라. 신선한 관점을 얻기 위해 다른 여러 종류의 교회들을 방문하라. 만일 당신이 침례교회(Baptist)나 독립교회(Independent Church)에 출석한다면, 루터교회(Lutheran)나 감독교회(Episcopal) 같은 보다 형식적이고 예전적인 예배에 참석하라(그 반대로도 마찬가지다). 교회들과 종파들은 각기 다른 것들을 강조한다. 예를 들면, 장로(Presbyterian)교회와 개혁(Reformed)교회는 세상에 대한 하나님의 주권적 통치에 강조점을 두는 경향이 있다. 오순절파(Pentecostal)와 성령 은사 집회는 성령의 은사, 치유 기적에 보다 많은 관심을 둔다. 아마도 교회의 배경을 바꿔 보면, 당신의 조망이 넓어지고 몇몇 의심을 해결할 수 있는 도움을 받게 될 것이다.

10. 다양한 장소에서 하나님의 음성을 들으려고 귀를 기울이라

우리는 하나님이 우리에게 말씀하시는 능력을 과소평가하기가 쉽다. 우리는 종종 하나님이 아픈 친구를 낫게 하거나, 우리로 하여금 주차할 장소를 발견하도록 도와주실 것이라고 추측한다. 그러나 문제가 그분에게 있지 않고 우리에게 있다고 가정하면 어떨까? 사실, 하나님은 우리에게 줄곧 다른 많은 장소에서 말씀하고 계신다. 우리가 듣지 않을 뿐이다. 왜냐하면 우리 자신을 그분의 음성에 파장을 맞추도록 훈련하지 않았기 때문이다(**음성**은 어느 상황에서 하나님의 임재 의식만큼 들을 수 있는 소리를 뜻하는 것이 아니다).

하나님이 우리에게 말씀하시는 방법에는 어떤 것들이 있는가? 물론 하나님이 인류에게 가장 명확하고 권위 있게 말씀하신 것은 성경을 통해서이다. 그러니 그분은 또한 다른 방법으로도 말씀하실 수 있다. 즉, 기도를 통해, 치유를 통해, 음악을 통해, 다른 사람을 통해, 예배 가운데서, 자연 속에서 말씀하신다. 이런 몇 가지 통로들은 반응상 다른 것들보다 더 희미할지도 모른다. 그러나 당신이 주의 깊게 듣는다면, 하나님의 음성이 그 통로를 통해 들릴 것이다.

하나님이 보내시는 메시지는 당신이 기대하거나 원했던 것이 아닐지도 모른다. 하나님은 "그 직업을 택하라" 혹은 "수잔과 결혼하라"와 같이 말씀하시지 않고, 그보다는 훨씬 자주 "나는 여기에 너와 함께 있다", "너를 사랑한다", "나를 신뢰하라" 혹은 "나는 너를 돌볼 것이다"라고 말씀하실 것이다. 그분은 우리가 내리는 결정보다 그분이 우리의 삶에 임재하시고 관련되어 있다는 것을 아는 우리의 인식에 더 많은 관심을 갖고 계신다.

(주: 하나님은 결코 그분 자신과 모순되지 않으신다. 우리는 하나님으로부

터 왔다고 생각되는 메시지의 타당성을 성경의 명확한 메시지와 비교함으로써 시험해 볼 수 있다. 만일 메시지가 성경적 가르침과 반대된다면 우리는 그것을 거부해야만 한다.)

많은 사람들이 하나님과 개인적으로 만난 적이 한 번도 없기 때문에 그분을 의심한다. 즉, 그들이 하나님의 음성을 들을 수 있도록 파장을 조정하지 않았기 때문이다. 하나님은 아마도 여러 해 동안 그들의 마음 문을 두드리셨을 것이다. 그러나 그들은 그것에 응답하지 않았다.

하나님은 어떤 방법으로 당신에게 말씀하고 계시는가? 당신은 들으려고 하는가? 아마 하나님이 거기 계시다는 것을 아는 것만으로도 당신이 의심을 품고 사는 것을 완전히 달라지게 만들 것이다.

11. 예수 그리스도께 초점을 맞춰라

기독교는 궁극적으로 예수님 없이는 의미가 없다. 그분의 생애와 가르침, 그리고 죄와 사망에 대한 그분의 승리는 믿음이 세워지는 기초다. 예수님 주위에 있던 사람들이 느꼈던 감정들을 체험하면서 사복음서를 주의 깊게 읽어라. 그리고 그분의 가르침을 당신의 일상 생활에서 일어나는 사건들과 관계들에 적용하라. 예수 그리스도는 사람들의 회의나 저항의 딱딱한 껍질을 뚫고 그들을 직접적으로 만나면서 그들에게 도달하는 방식을 취하신다.

12. 당신이 이미 알고 있는 것으로 긴장을 늦춰라

하나님이 인생의 중요한 문제에 대해 얼마나 많이 응답하셨는지를 기억하라. 성경은 하나님을 개인적으로 만나기 위해, 세상에서 중요한 차이를

낳는 그런 종류의 삶을 살기 위해, 그리고 죽음을 통과하여 하나님과의 영원한 영광에 도달하기 위해 당신이 알 필요가 있는 모든 것을 담고 있다. 성경은 또한 당신이 물어보지만 대답할 수 없는 몇몇 질문들과 씨름하도록 공간을(욥기, 시편, 전도서, 로마서 9-11장 등) 할애하고 있다. 그러나 이 자료는 성경에서 극히 작은 부분을 담당하고 있다. 이 작은 부분이, 하나님의 생각에는 우리가 그 대답들을 아는 것이 매우 중요함을 말해 준다고 할 수 있는가? 만일 그분이 우리가 지상에 머무는 동안에 이 대답들을 알기 원한다면 우리에게 주시지 않겠는가?

13. 모든 진리는 하나님의 진리임을 기억하라

성경은 우리가 알 필요가 있는(we need) 모든 것을 담고 있다고 말하는 것과, 있고 있는(there is) 모든 것을 담고 있다고 말하는 것은 전혀 별개의 것이다. 때때로 우리는 두 종류의 진리—영적인 진리, 세속적인 진리—가 있다고 가정하는 함정에 빠진다. 우리는 영적인 진리가—기본적으로 성경이—의미가 있는 유일한 진리라고 잘못 생각하고 있다. 세속적 진리는 의학에서 배농관을 제거하는 방법에서부터 정신요법과 물리의 소립자에 이르는 모든 것을 포함하는데, 이것은 하나님을 직접 언급하지 않는다는 이유 때문에, 혹은 불신자들이 이것을 진척시킨다는 이유 때문에 어쨌든 '보다 덜 사실적이거나' 혹은 중요하지 않다고 오도되고 있다.

이런 진리에 대한 정신분열적 관점은 하나님이 세상에 있는 모든 것을 창조하셨고, 또한 결국 모든 진리가 그 기원을 하나님께 두고 있다는 사실을 무시하는 것이다. 성경의 가르침에 모순되지 않는 한, 우리는 진리—하나님의 진리—가 어디에서 발견되든지 그것을 탐구하고 찾을 자유가 있다.

14. 찾는 과정 그 자체에서 배우고 성장할 것을 기대하라

하나님과 씨름한 후 변화된 사람으로 나타난 야곱처럼(창 32:22-32), 당신도 당신의 의심과 씨름하면서 변화되고 성장할 것을 기대할 수 있다. 분투할 때, 해답들을 찾을 때, 당신은 그 해답들이 찾는 과정만큼은 당신에게 의미를 주지 않음을 발견할 것이다. 당신은 심지어 "나는 해답이 무엇인지 더 이상 신경 쓰지 않는다. 그러나 하나님이 나를 위해 거기 계심을 알고 있으며 그것이 의미 있는 전부이다"라고 말했던 많은 사람들처럼 결론을 내릴지도 모르겠다.

15. 인생은 그리 단순하지 않다는 사실을 깨달으라

당신이 묻고 있는 일종의 까다로운 질문에는 거의 명백한(black-and-white) 혹은 예-아니오 식의 해답이 없다. 비록 하나님은 그 자신과 모순되지 않으시지만, 세계는 모순으로 흘러 넘치는 것 같다. 폭력 단체들은 무죄한 사람들을 비참하게 폭탄으로 살해하고, 미국 사람들은 날마다 살쪄 가는데, 에디오피아에서는 수백만 명이 굶어 죽고 있다. 경건한 종교 지도자들은 그들의 신의 이름으로 야만적인 행위를 행사하고 있다.

이런 것들이 세계를 통치하시는 사랑이 많고 전능하신 하나님과 어떻게 조화가 된단 말인가? 이에 대한 간단한 대답은 없다. 우리는 왜 그런 식으로 일들이 발생하는지(일반적인 용어 외에 다른 것으로는) 설명할 수 없다. 우리는 무한한 신의 신비를 이해하지 못하는 유한한 존재이다.

"나는 알지 못한다"라고 말해야 하는 순간이 찾아온다. 많은 신자들은 이 세 단어를 말하는 것을 두려워한다. 대신에, 그들은 어쨌든 하나님의 부적당함을 감싸서 숨겨야만 한다고 느끼면서 지나치게 단순화된 대답과

말들을 제안한다. "나는 알지 못한다"라고 말하는 것은 확실히 고통을 준다. 그러나 이 말이 사람들 – 혹은 자기 자신 – 에게 말할 수 있는 가장 솔직한 말일 것이다.

16. 하나님을 하나님 되게 하라

천국의 이편에서는 우리가 묻는 모든 질문들이 대답을 **갖고 있는** 것이 아니다. 그러나 그래야만 하는 것이 아닌가? 만일 하나님이 창조주이시고 우리는 그의 피조물이라면, 그분이 우리보다 더 많이 알고 계신다는 것이 사리에 맞는 것이 아닌가? 우리는 그분에게 질문하고 울부짖을 수 있다. 그러나 우리는 결코 그분을 완전히 이해할 수는 없다. 가끔 우리는 하나님의 '하나님 됨'을 인식하고 받아들일 필요가 있다.

사도 바울은 로마서 11장 33-36절에서 "우리가 얼마나 놀라운 하나님을 갖고 있는지!"에 대해 쓰고 있다.

"깊도다 하나님의 지혜와 지식의 부요함이여
그의 판단은 측량치 못할 것이며
그의 길은 찾지 못할 것이로다
누가 주의 마음을 알았느뇨
누가 그의 모사가 되었느뇨
누가 주께 먼저 드려서 갚으심을 받겠느뇨
이는 만물이 주에게서 나오고
주로 말미암고 주에게로 돌아감이라
영광이 그에게 세세에 있으리로다."